JN101883

土井健司

教父学入門

ニカイア以前の教父たち

新教出版社

目次

目次

凡例

*聖書は、新共同訳を用い、引用はこれに依った。

*聖書の章節は算用数で記した。

*教父からの引用は、邦訳がある場合はできるだけ利用させてもらっているが、ところどころ断ることなく、文脈等に合わせて適宜改変している。それぞれの書誌については文献表に記した。

*教父の名前と著作の日本語名は、クラフト編『キリスト教教父事典』をもとにしつつも、秦剛平訳の『エウセビオス　教会史』に記載のものを採用する場合もあり、また通称に従った場合もある。

*エピスコポスは、三世紀までは「監督」、四世紀以降は、東方の場合は「主教」、西方の場合は「司教」と表記した。

*やむをえず欧文文献を使用した場合は、章末に書誌を記した。

教父学入門

ニカイア以前の教父たち

序　いま日本で「教父学」を書くにあたって

わたしと教父研究

最初の修士学位を関西学院大学で取得したとき、実はトマス・アクィナスで論文を書いた。テーマはヴィシオ・デイ、すなわち「神直視」であった。天国において至福者たちが神とまみえることについて、中世最大の神学者トマスがどのように考えていたのかを研究した。この研究はとてもおもしろかったのだが、博士課程に進もうとするとき、トマス研究についてなにかしら行き詰まりを感じ、このままでよいのかを考えた。幸か不幸か、進学のために考えていた京都大学大学院の試験に合格できず、一年間大学院浪人をすることになった。二五歳だったが、友人たちが就職し働いているとき、自宅での浪人生活はなかなか厳しいものがあった。そういうとき英語の勉強のつもりで読んだニュッサのグレゴリオスの『モーセの生涯』に惹かれ、ギリシア教父の研究に進むことにした。

それにしてもグレゴリオスの何に惹かれたのだろうか。その理由はおおよそこうであった。グレゴリオスによると、徳や生、善というものは、感覚的な事物とは異なって、何か境界線によって区切られることで完成するのではない。感覚的な事物は何かとして限定されることではじめて完成する。何かであることは、別のものではないことであるが、古来「定義は否定である」とされてきたとおりである。ところが徳や生、善というものは区切られることで完成せず、反対に区切られればそうでなくなってしまうという。死によって区切られることで生は終わりを迎える。悪によって区切られることで善は止んでしまう。だから生や徳、善というものの場合は、そうありつづけること、また求め続けること、その動きそのものが完成であるとグレゴリオスはいうのである。未完成の動きと完成した状態（静）の対比ではなく、動きそのものが完全であるという。そう考えると、死というものは自分の人生の最後を飾るもの、完結させてくれるものと考える風潮があるが、これは事物をモデルに考えた結果となる。しかしグレゴリオスの考え方によれば、死は中断でしかない。感覚的事物をモデルに考えるのではなく、生というものの現実を見つめるなら、誰であれその人生の最期は中断ということになろう。反対に、だから生に完結というものはなく、無限の動態こそがふさわしいという。おおよそこのように解釈し、事物をモデルにしない、動態における完成という考え方がおもしろいと思った。さらにグレゴリオスは、そもそも神は無限だといい、その神に従う生のありようについて「エペクタシス」と表現していた。

その後、京大の水垣渉先生の下で修士課程、博士課程に進み、そして助手になり、無事にグレゴリオスの神認識論について学位論文を書くことができた。一般の大学に就職すると、違う視点から教父を研究したいという欲がでてきて、救貧問題、フィランスロピア論を研究するようになった。ちょうどそのころに『福音と世界』から連載の話があり、「古代キリスト教探訪」というタイトルで原稿を書いた。これは二〇〇三年に単行本として出版してもらった。本書も『福音と世界』の連載をもとにするのであって、『古代キリスト教探訪』からおよそ二〇年を経て、今度はテーマごとでなく、人物・文書を基準にして書いていった。最近自分の年齢というものを意識するのだが、なるほど二〇年たったのだなと思ってもらえるものになっていれば本望である。

連載原稿を準備するため勉強を重ねていったが、あらためて教父はおもしろいと思った。考え方も多様で、百花繚乱の様相を呈している。聖書の学びだけではわからないキリスト教の根底に流れる思想、文化というものが見えてくる。使徒教父、弁証家、アレクサンドリアのクレメンスやオリゲネス、テルトゥリアヌスにキプリアヌス等々、それぞれ個性的で、それぞれの社会の中で人生を歩んだのだと思う。主として残された文書を手がかりにするしかないが、思想や文書内容だけでなく、できるかぎりそれぞれの人生に迫るように心がけた。

教父学とは何か？

「あなたがたの抱いている希望について説明を要求する人には、いつでも弁明できるように備えていなさい。」

第一ペトロ書の一節である（3章15節）。ギリシア語を交えて訳し直すと「あなたがたの中にある希望について言葉・説明（ロゴス）を求める人すべてに弁明（アポロギア）するよう常に備える」ようにと勧めている。ここに見られる「ロゴス」であれ、「アポロギア」であれ、それは「あなたがたの中にある希望」、つまり福音の希望についてであって、成立間もない頃からキリ

J. Quasten, Ptrology. 第 1 巻は 2 世紀まで、第 2 巻は 3 世紀、第 3 巻は「教父の黄金時代」と題して 4 世紀のギリシア教父を扱う。なおクァステンは第 3 巻までを編集し、その後イタリアの教父学者が引き継いで 4 世紀以降のラテン教父（アウグスティヌス含む）を扱う第 4 巻を出版した。

スト教が外へと向かって行き、そのために自分たちの教えは何であるのかを思索し、言語化しようと、つまり思想を構築しようとしていたことが分かる。礼拝など何か自分たちの共同体のなかで行われる振る舞い、行動だけでなく、外に向かって伸びて行くためにキリスト教は、ひろく言葉と思想を必要としたのであった。この思想の営みは、すでにパウロ書簡といった新約聖書に確認できるが、さらに「教父」と呼ばれる人びとに引き継がれていく。本書では、この「教父」と呼ばれた人びとを取り上げて、論じていく。

では、教父とは誰のことか。

一般にはほとんど馴染みのない言葉なのであろう。たとえ耳にしたことはあっても、その内容にまで立ち入るような奇特な人はほとんどいないだろう。キリスト教において「教父」とは、一言でいえば古代の教会を作った人びと、「教会の父」の略称となる。この教父を対象とする学問がパトロロジー、すなわち「教父学」ということになる。

ここですこし教父学の代表的な定義を確認してみたい。

数冊からなる浩瀚（こうかん）な『教父学』を著したクァステンによると「教父学とは、古代キリスト教の神学的著作家たちを扱う、キリスト教文学史の分野である。それは正統と異端を包含するが、伝統的な正統教理を代表する著作家、いわゆる教父、教会博士に傾いている。

そのため教父学とは、教会教父の学問であると定義することができよう」という。さらにドイツ語で同じく『教父学』を書いたアルタナーに尋ねるなら「教父学とは、教会教理の証人としてすべての古代キリスト教著作家を全体として把握し、歴史学の方法論にしたがってこの人びとを扱う、神学の一学科である」と語る。クァステンは古代キリスト教著作家を扱うとしつつも、正統教理にかかわるので主に教会教父を対象とするという。またアルタナーは正統教理の証人として教父を扱うが、歴史学の方法論を用いるという。さらに近年は教父たちの生きた社会、環境を考慮に入れなければならないとされる。そこで、「教父」という言葉にはすでに正統教理の視点が含意されていると考えて、ここでは次のように広くとらえたいと思う。つまり教父学とは、教父たちと古代キリスト教著作家の著作、思想について、この人びとの生きた教会や社会、それぞれ相互の関係などにおいて検討する学問である。

B. Altner/ A. Stuiber,
Patrologie

教父学はいつから始まったのか

では教父学というものはいつからはじまったのか。これを言葉のレベルで見るなら、「教父学」、すなわちパトロロギアは近世にはじまる。それは一七世紀、正確には一六五三年にルター派の神学者ヨハネス・ゲルハルトの遺稿として出版された書物の題名に遡る。その原題を記しておきたい。Patrologia sive de primitivae ecclesiae christianae doctorum vita ac lucubrationibus（教父学あるいは初期キリスト教博士たちの生涯と作品について）とある。これは教父たちの歴史的で文学史的研究を指す言葉になる。

これに対して教義学の一領域としてパトリスティクス（patristics）があるが、この言葉も一七世紀にさかのぼり、テオロギア・パトリスティカ、すなわち「教父神学」から派生したものであって、「聖書神学」や「スコラ神学」と隣接しつつ教父の神学思想を扱う。

以上は「教父学」という言葉の起源にかかわる説明となる。

これに対して、先達である教会の父たちを尊敬して参照しようとすることは、もちろん古代においてすでに見いだせる。

四世紀初頭のエウセビオスの『教会史』を繙くと、彼があるテーマや人物について書くときは大変慎重に調査し、自分でまとめた上でさらに補強のために先達からの引用を繰り返し、できるだけ公正であろうと努めている。「父」の呼称は用いないとしても、エウセビオスは過去の教会著作家に大変な敬意を払っているし、あるいはそうした著作家において引用されているかどうかが正統の判断基準にすらなっている。またその一世紀後のヒエロニムスの『著名人列伝』を挙げてもよいだろう。

Gerhardt, Patrologia

他方「父」の呼称や自覚は、霊的で知的な領域で捉えられ、たとえば第一コリント書をみると（4章14節以下）、福音を教えるパウロは父としての自己意識から信徒を「子供たち」と呼び、諭している。そこで古代キリスト教において「父」の呼称は、四世紀までは各地域において使徒的伝統と福音宣教の責任を担う司教について使われるものとなる。この意味で三二五年のニカイア公会議に参加した司教たちは「父たち」と呼ばれるようになる。

興味深いのはカイサリアのバシレイオスであって、その『聖霊論』のなかで「聖霊とともに」の定式を新奇と非難されることについて反論し、それは「父たちから伝わる」ものだという（二七章六七節）。また別のところでもこの定式が「父たちからの遺産」（二九章七一節）と述べられる。この「父たち」の中には、バシレイオスに洗礼を授けたカイサリアの主教ディアニオスが入っている。ただしその後バシレイオスは自分の見解に同調する昔の教会著作家を列挙するのであるが、司教であったエイレナイオス、ローマのクレメンス、グレゴリオス・タウマトゥルゴスに加えて、オリゲネス、殉教者たちといった司教でなかった人びとにも言及する。それでも、この人びとを直接に「父」と呼ぶことは確認されない。

明確にひとつの権威として「父」の概念を司教以外に適用したのは、アウグスティヌスであった。彼は五世紀になってペラギウス主義論争のなかで司祭であったヒエロニムスについて「父」と呼んでいる。さらに四三四年にレランスの修道士ウィンケンティウスの『覚え書き』が教理の正しさの原理として「どこででも、常に、すべての人びとによって信じられてきた信仰」（二章六節）、つまり普遍性、古代性、承認性の原理を明確にした。彼は聖書の奥深さから解釈の多様性を嘆いて正統的な解釈の基準としてこれらを挙げ、これをもとに「信ずべき教師」にも言及していた。また六世紀の文献『デクレトゥム・ゲラッシアヌム』には「その信仰と説教において決して聖なるローマ教会の共同体から逸脱せず、神の恵みに支えられてその交わりを生涯の最期まで保った人びと」（四章三節）という基準が設けられている。伝統の正しさ、正統教理の基準を司教に限ることのできなくなった時代に新しく設けられたものだと言えよう。

教父の四基準と現代

これらを踏まえて、近代になって一般的に「教父」といえば次の四基準に該当する人びとを指す。

一「教理上の正統性」（doctrina orthodoxa）
二「生活の聖性」（sanctitas vitae）
三「教会の承認」（approbatio ecclesiae）
四「古代教会に属すること」（antiquitas）

以上は厳格に、かつ伝統に即して「教父」を考えるときの基準となるものであろう。ただし第四の基準は比較的新しく、そのため一九世紀前半に成立した「ミーニュ教父著作集」では、ギリシア教父に一五世紀のコンスタンティノポリス総主教ゲンナディウス二世までを含めている。しかし今日ラテン教父は七世紀のセビリアのイシドールまで、またギリシア教父は八世紀のダマスコのヨアンネスまでとする。

しかし以上の「教父」の議論は、現代日本に生きる私たちにはそのままでは受け入れにくいのではないか。なぜなら、そもそも「教父」という考え方が一般に私たちのものの考え方の方向とは異なるからである。

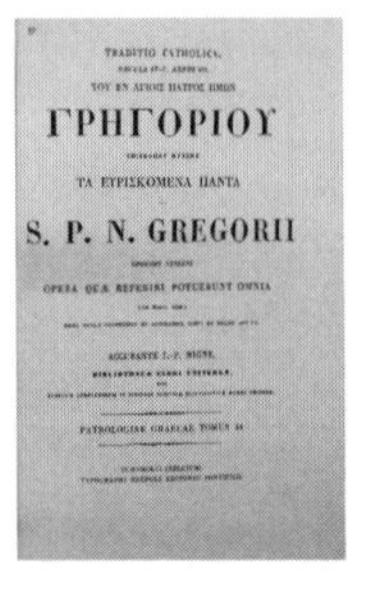
TRADITIO CATHOLICA
ΓΡΗΓΟΡΙΟΥ
ΤΑ ΕΥΡΙΣΚΟΜΕΝΑ ΠΑΝΤΑ
S. P. N. GREGORII
OPERA QUÆ REPERIRI POTUERUNT OMNIA
ACCURANTE J.-P. MIGNE
PATROLOGIÆ GRAECAE TOMUS 44

J.-P. Migne, Patrologia Graeca/ Patrologia Latina. 19 世紀にミーニュが既刊の著作を集めて公刊したものであり、ギリシア教父として 161 巻、ラテン教父として 221 巻からなる一大教父著作集。今日でもこの叢書でしか読めないテクストがある。写真は 4 世紀の教父ニュッサのグレゴリオスの著作を収める第 44 巻。

じつは「教父」という発想は古いものが優れている、より真実であるというものの考え方をベースにする。先ほど述べたバシレイオスは「聖霊と共に」を主張するとそれが新奇であると非難されたという。そこで彼は昔の人びとの見解を確認していくのである。どうしてそのような手続きを踏まえるのかというと、「古い教説というものは、古さが老年と同じように畏敬の念を起こさせるので、何かしら畏るべきところがあるからである」（二九章七一節）。

しかし、現代ではこうした発想の仕方、ものの考え方が馴染まない。お年寄りがパソコンを覚えてネットに熱中し、若者然としたおしゃれをし、スマホを操作してゲームをする現代、すでに「老人」という言葉自体が否定的な響きしかしなくなっている現代では、新しいことが善とされ、若さ、新しさが追求されていく。昔、過去はほとんど顧みられることはない。つまり「教父」という発想は、新しさを求める現代の私たちのものの考え方には馴染まないようである。

毎年六月から七月にかけて新任牧師の就任式に招かれることがあるが、そのさい教会から祝辞を依頼されると、できるだけ古代の話をするよう心がけている。そのため教父のものを読んでネタを仕入れるのだが、あるとき五世紀の話をした。ヴァンダル族が迫るなか、それでも「羊飼い」として牧師は信徒が残るかぎり教会を捨てて逃げるべきではないと諭すアウグスティヌスの「ホノラトゥス宛書簡」を取り上げて紹介した。そのさいの反応はおおよそ「へぇー、そういうことがあったのか」というものであって、それ以上でも以下でもない。つまり教会史上の昔話でしかないのが現状であろう。「教父」といってももはや権威ではなく、聖書があればよいという風潮が日本の教会にはある。しかし近世初期に英国のジョン・ダンが『自殺論』を著し、遺憾ながら自殺して果てた人のことをもっと配慮するように主張したとき、彼は教父の引用をいたるところにちりばめることで説得力をもたせようとした。また一九世紀にフォイエルバッハが『キリスト教の本質』を著したとき、どれほど多く教父から引用を行って自分のキリスト教理解を固めて、その批判を構築したことか。

そもそもキリスト教というものが誤解されているのではないか。聖書のみでキリスト教が理解できると思われているのではないか。確かに聖書はキリスト教の原理、根幹ではあるが、それはいわばデータであって、その解釈が肝心なところである。現代は多様性をいう余り、聖書さえあればいかなる解釈でも可能であるように見える。しかし歴史的に見るならキリスト教とはひろく聖書に対する一定の解釈によって成り立ってきたのである。そしてそれらが教父によって伝えられてきたといえる。このような捉え方は、ある種の歴史的な相対主義となってしまうのだが、現代では率直にこれを認める必要があろう。「聖書のみ」を標榜するプロテスタントにおいて「教父学」が生まれたのも、そのような理解が前提になっていたのではないか。

ジェンダーをはじめとする新たな視点など

さらにもうひとつの問題はジェンダーにかかわる。教父学と聞くと、なぜ「父」であるのか、

C. D. Sunberg, The Cappadocian Mothers. 2017. いわゆるカッパドキア教父に関係する女性たち、母、姉妹、とくにマクリナを取り上げ、「神化」の視点から彼女たちを論じたもの。

女性はいないのかと疑問に思われよう。私の研究対象のひとつ、カッパドキア教父はカイサリアのバシレイオス、ナジアンゾスのグレゴリオス、そしてニュッサのグレゴリオスの三名のことであるが、実は近年これらにバシレイオスの姉マクリナが加えられることがある。マクリナはバシレイオスや弟のニュッサのグレゴリオスの長姉であって、カッパドキアの女性の修道共同体を指導した人物であった。ニュッサのグレゴリオスはこの姉を慕い、「師」と呼び、プラトンの『パイドン』を模して書いた対話篇『魂と復活』のなかで、『パイドン』における「ソクラテス」の役割を姉マクリナにあてがっている。さらに彼女の死後『マクリナの生涯』を書き、その人生を後世に伝えている。しかし時代の制約というべきか、マクリナが「教父」に数えられたことはなく、また「教会の母」、「教母」と呼ばれた事実はない。こうしたジェンダーの視点から、本書では女性についても考慮し取り上げていきたい。その他、教父学というときに取り上げられない人物、視点も加えて論じていきたい。

なお本書では、時期を三世紀までに絞っている。時代順に取り上げていったからだが、一人ひとり、一つひとつの教父や文書には学ぶべきことは多く、それだけでも十分一冊の書物になる。四世紀以降を含めるなら、その数は倍増ではすまないだろう。そこで本書が取り上げるのは三世紀までの教父たちであり、つまり三二五年のニカイア公会議以前の教父たちまでとなっている。

1　ローマのクレメンス――「嫉妬」に立ち向かう老賢者

「ナザレの人イエスこそ、神から遣わされた方です」（使徒2章22節）と、聖霊降臨をへてペトロは人びとの前ではじめて説教をしたという。これを聴いた人びとは諸国から帰郷してきたユダヤ人であったが、そのなかにローマから来た者たちもいた（使徒2章11節）。おそらくはこの人びとが帰って建てたのが、ローマの教会のはじまりであったのだろう。その後ペトロやパウロもそれぞれローマに赴き、そこで殉教を遂げたと伝わる。

ローマの監督と言えばペトロからはじまると思われているが、じつはすこし違う。エウセビオスの『教会史』第三巻二章には「パウロとペトロの殉教の後、リヌスがローマ人の教会の監督職に任命された最初の者になった」と記されている。つまり監督として最初の人はリヌスということになる。その後アネンクレートスが監督となり、さらに九三年頃クレメンスが三代目の監督となったという（同書第三巻一五章、またエイレナイオス『異端反駁』第三巻三章三節も参照）。なおピリピ書4章3節に挙げられている「クレメンス」と同一人物かどうか確証はない。いずれにしても、ローマの三代目に数えられる監督クレメンスこそが「使徒教父」の筆頭に挙げられる人物であって、ドミティアヌス帝の迫害後にコリントの教会に宛てて手紙を書いたという。なお使徒教父文書のなかにクレメンスの名を冠する文書は、他に第二クレメンス書簡もあるが、こちらはクレメンスの著作でなく、しかも形式からして書簡ではなく説教である（ただしキリスト教文学史上、最古の説教と目される）。またこれらとは別に、偽クレメンス文書として『認知』と『講話』の二書が伝わる。パレスチナを旅するペトロにクレメンスが随行し、折々に尋ね聞いた言葉を書き記した随聞記の一種となる。明らかに偽作であって、本文も安定せず、最終的にまとまったのは四世紀といわれる。

使徒教父とは

ところで「使徒教父」という言葉について確認しておきたい。そもそもこの言葉は七世紀の聖カタリナ修道院のアタナシオスの著作のなかに擬ディオニュシオス・アレオパギテースについて「アレオパゴスの使徒的な父ディオニュシオス」と記されているのが初出だという。これは『神名論』を含む「ディオニュシオス集成」の著者を、アレオパゴスの丘でパウロが行った説教を聴いて回心したディオニュシオス（使徒17章34節）のことと誤解した結果である。今日「ディオニュシオス集成」の著者がこのディオニュシオスであるという説は認められておらず、このディオニュシオスについて「使徒教父」という呼称を用いることは適切ではない。

現在使われる「使徒教父」という概念は、十七世紀の学者ジャン・バティスト・コトゥリエの『使徒たちの時代に開花した聖なる父たちの作品』に遡るといわれる。そこでは使徒の時代、使徒後一〇〇年ほどのあいだに活躍した「父たち」のことを意味しており、おおよそ紀元九〇年代から一五〇年あたりまでの著作家を指していた。なおこの時期には新約正典はもちろん、外典、偽典もあり、さらに弁証家の時代とも重複している。

このコトゥリエの文献には、バルナバ（の手紙）、ローマのクレメンス、『ヘルマスの牧者』、アンティオケアのイグナティオス、ポリュカルポス、以上の五名（書）が挙げられている。さらにこれらに『ディオグネートスの手紙』、パピアス、コドラトスが加わり、また一八七三年に発見された『ディダケー』（十二使徒の教え）も加えられていく。『ディオグネートスの手紙』は弁証家の時代のもの、またコドラトスも最初期の弁証家に数えるべきだろうが、慣例から今日でも使徒教父に含められる。以上のように「使徒教父」はいささか不安定な概念なのだが、使徒たちの後の時代、二世紀半ばまでを括る言葉としては使い勝手がよい。また「使徒教父」というと人物を指すように見えるが、実際はこの時代に成立した文書を指す言葉ととらえた方が現実的であろう。なお以下引用に際しては、荒井献編『使徒教父文書』所収の小河陽訳を用いる。

「第一クレメンス書簡」

さてローマのクレメンスの著作として「第一クレメンス書簡」を取り上げるが、じつは本文に「クレメンス」の名は現われない。宛先はコリントの教会であって、かの地で起こった騒動を解決するために執筆された。著者についてエウセビオスに次のような記事がある（『教会史』第四巻二三章）。コリントの監督ディオニュシオスがローマの監督ソーテル（在位一六六年から一七五年）に宛てた手紙について、エウセビオスはこう説明する。

「彼（＝ディオニュシオス）はこの書簡でクレメンスのコリント人宛の書簡を引き、教会でそれを朗読することがはじめからの習慣だったことを明らかにしている。」

この記事から推すと、クレメンスの書簡は送られた当初から好意的に受け取られ、公に朗読されるようになっていた。なお執筆者のクレメンスがローマの単独の監督かどうかは疑義もある。当時ローマなどには複数の監督（四四章四節）がいたと推定することも可能で、単独の監督というのは後代の単独監督制からの見方を反映するのかもしれない。いずれであれ、この書簡の著者については文体上一人とされ、ローマ教会の指導者の一人クレメンスが書いたものと考えてよい。冒頭にドミティアヌス帝のキリスト教迫害を暗示する言葉があり、そこからドミティアヌス帝の死後、五賢帝最初の皇帝ネルヴァの治下九六年、九七年に書かれたものと推定される。

さてこの書簡に見える特徴をいくつか挙げてみたい。ユダヤ教の聖書に対してはその引用の豊富さから好意的であり、クレメンスをふくめて当時の教会の基盤となる人びとはユダヤ人であった可能性が高い。また四一章ではエルサレム神殿での犠牲が尊ばれており（二節）、また大祭司とレビ人の職務への敬意も見られる（四〇章五節）。福音書からの直接の引用は見いだせないものの、暗示するところはある。もっとも、それが文書としての「福音書」を指すのか、それとも伝承されたイエスの言葉なのかは定められない。パウロ書簡、少なくとも第一コリント書は読んでおり、四七章では言及がある。なお迫害について切迫した印象はなく、殉教を覚悟させ、これを称える議論も確認されない。六〇章の祈祷文を見るとローマ帝国の統治者についても好意的である。いくらかストア派の影響が認められ、クレメンスが教養人であったことが窺われる。また彼自身の人柄を感じさせる部分はなく、これだけ落ち着いて周到に議論を展開しているところから推して、老齢の智者との印象がある。

コリントでの騒動は何であったのか。どうやら二人あるいは三人の信徒が単純に「嫉妬」に駆られて監督を罷免しようとしたらしい（四四章三節）。造反した者の名は不明であるが、四七章を見ると昔はパウロ、アポロ等ひとかどの人物について党派をつくったが、今回はそうではないと言われており、名の通った人物たちではなかったようだ。おそらく造反したのは若者であったのであろう（三章三節）。教会の中での世代交代、主導権争いであったのかもしれない。かくして「第一クレメンス書簡」では、コリントの教会に宛てて嫉妬、怠惰を戒め、へりくだりの心、服従、悔い改めを勧め、平和、一致、秩序に立ち返るよう諭している。なお問題解決のためにローマ教会からクラディウス・エフェブス、ウァレリウス・ビト、フォルトゥナトゥスという人びとがコリントに派遣されたようである（六五章一節）。「更に私たちは、信仰にあつくまた節度ある人たちを君たちの元に送った」（六三章三節）ともいう。この書簡が破棄されることなく伝わったこと、また先のエウセビオスの記事から推すと、このクレメンスの書簡は効を奏し、コリントでの騒動は沈静化したのであろう。

騒動の原因としての「嫉妬」

この書簡を一読して印象に残るのは「嫉妬」（ゼーロス）にかんする議論であろう。

四三章では、モーセがすでに祭司職について「嫉妬」が人びとのあいだで起こることを見越して、部族長たちの杖を使った占いを行い、アロンの子孫が祭司職を継ぐべきことを定めたという。民数記17章16節以下の記事をもとにするが、これを「嫉妬」の視点から解釈するのである。四五章では、理不尽に迫害される義人について「彼らは嫌らしい不義なる嫉妬を抱いた者らによって殺害された」と言われる（四節）。さらに三九章七節は「怒りは愚か者を死に至らしめ、嫉妬は過つ者を殺してしまう」と格言風に記される。さらに一四章では、コリントの教会に騒動をもたらす者たちを指して「見せびらかしと無秩序のうちにある嫌悪すべき嫉妬の扇動者」と述べる。

しかし何といっても三章から六章の議論が注目される。なぜならこの箇所の主題が「嫉妬」なのである。

コリントの人びとの徳の高さを褒め称える行につづき、次に一転して、だから堕落がはじまったのだという。これを「わが愛する者は食べかつ飲んだ、そして肥え太って足で蹴った」という申命記32章15節を引きつつ述べる。「このことから嫉妬と羨望、諍いと離間、迫害と無秩序、戦争と監禁とが起こったのだった」（三章二節）。コリントの教会は良き人びとに満ちていたがゆえに隙ができ、若者の造反を招いてしまったのだ、このようにクレメンスは見ている。こうして「各々は神の恐れを置き去りにし、神への信仰の眼はおとろえ、神が命じられた法に歩みもしなければ、キリストに相応しい生活を送ることもせず、各々が自分の悪しき心の欲するままに歩んでおり、不義かつ不敬虔な嫉妬に駆られてしまった」（三章四節）。そして「この嫉妬を通して死がこの世に入ってきたのだった」（知恵2章24節）という。

四章は旧約に見られる事例が列挙される。その嚆矢がカインとアベルの物語である。兄カインは弟アベルを殺害してしまうのだが、それは嫉妬に駆られてである。「御覧、兄弟たちよ、嫉妬と羨望が弟殺しを働かせたのだ」（六節）。つづいてヤコブ、ヨセフ、モーセ、アロンとミリアム（民数12章）、ダタンとアビラム（民数16章）、さらにダビデといった人びとが嫉妬から迫害、虐待を受けたことを挙げる。五章では、最近の事例としてペトロとパウロが挙げられる。ペトロは嫉妬のため迫害を受け、パウロの度重なる苦難も嫉妬と諍いから起こったのだという。そして六章では、まず嫉妬からキリスト教迫害が生まれたという。とくに女性の殉教に言及される。これはネロ帝の迫害、あるいはドミティアヌス帝によるものか不明であるが、円形劇場において「ダナイデス」や「ディルカイ」の扮装をさせられなぶり殺しにされた出来事もすべて嫉妬によるものと説明する。夫婦の疎遠の原因も嫉妬であり、また最後に「嫉妬と争いは巨大な都市を崩壊させ、強大な民を根こそぎにした」と述べられる。クレメンスによると、嫉妬が人びとの一致、平和を乱し、崩壊させる。嫉妬は傾国の悪徳であるとさえいう。

筆者はこれまで数多くの教父の著作を読んできたが、ここまで「嫉妬」を主題とするものは覚えがない。嫉妬はそっと人の心に忍び込み、心を支配してしまう。嫉妬に駆られた人を説得するのはむずかしく、また自分で克服するのはなおいっそう困難であろう。この書簡はこの難題に挑んだものであり、用意周到に言葉と議論を尽くして展開されている。本書簡は、ローマの教会を監督する老クレメンスの経験と配慮、そしてその知恵の結晶なのであろう。

2　アンティオケアのイグナティオス——神との一致への熱情

「おしゃべりだが何でもないよりも、黙っていても何かである方が優れている。」

しゃべるばかりで実行の伴わない人、立派なことを語るが自身はそうでない人、そういう人よりも、むしろ黙っていても何者かであることの方が優れている。いささか耳の痛いこの言葉は、使徒教父のひとり、アンティオケアの監督イグナティオス（別名テオフォロス）のエフェソ書簡に出てくる（一五章一節）。言葉と存在の一致を説き、とくに教える立場にある者はそうあるべきだという。だから本来唯一の教師はイエス・キリストだけだとつづく。なぜならイエスは語った言葉の通りの人であったから。後代のビザンツの聖人伝では、イエスがそばに引きよせた「子ども」（マタイ18章2節）こそ、このイグナティオスであったという。その真偽は不明だが、イグナティオスはつづけて、己が行為と存在においてイエスの言葉を体得したほどの者はイエスの「沈黙を聴く」ことができると述べる。「沈黙を聴く」（ヘーシュキアス・アクーエイン）とはスゴイと思った。言葉になっていないものを聴きとる、本物の信仰者とはこういう人をいうのかもしれない。このように書いたイグナティオスは一一〇年ごろ殉教したという。ローマ書簡の末尾に執筆時期について「八月二四日」とあり、そこから考えると、殉教は、おそらく初秋の出来事であった。以下荒井献編『使徒教父文書』所収の八木誠一訳を用いている。

イグナティオスの護送と書簡

イグナティオスに関する資料は七つの書簡（エフェソ、マグネシア、トラレス、ローマ、フィラデルフィア、スミルナの各教会宛、スミルナの監督ポリュカルポス宛）、そしてポリュカルポスの書簡（一三章ではイグナティオスの書簡の収集に言及、ならびに「これらの書簡からあなたたちは有意義なことを多く学ぶでしょう。そこには信仰と忍耐とわれわれの主に関するいっさいの建設的なことが述べられています」という評価）が挙げられる。さらにエウセビオス『教会史』第三巻二二章（イグナティオスはエウオディオスに続く第二代監督）、三六章（書簡執筆と護送時の逸話）が確かなものとして伝わる。ローマへの護送途上で記された七つの書簡には伝承過程でいくつかのバージョンが確認され、また他の偽書簡も伝わるが、今日一般に真筆と認められるテクストは定まっている。

使徒教父文書のなかでもイグナティオスの書簡からは独特の個性がほとばしり出ている。これほど書き手の想いを感じさせる使徒教父文書は他にない。修辞表現もとても豊かである。とりわけ殉教を求めるゆるぎない熱意が確認される。「わたしは神の穀物であり、キリストの清きパンとなるため野獣どもの歯牙に引き裂かれるのです」（ローマ四章一節）とある。彼はどのくらいの齢だったのだろうか。若い印象はない。むしろ老齢の監督を想像する。

イグナティオスはアンティオケアでキリスト者として捕縛され、野獣刑を言い渡されてローマに護送されたようである。著名なイグナティオスに会うため、護送途上のスミルナに少なくとも三つの教会から訪問者があった。エフェソの教会からは監督オネシモス、執事ブーロス、クロコス、エウプロス、フロントーンが来訪し、マグネシアの教会からは若い監督ダマス、長老バッカスとアポロニオス、そして執事のゾーンティオンが来訪し、さらにトラレスの教会からは監督ポリュビオスが訪問にきた。イグナティオスは感謝しつつ、それぞれの教会に宛てて書簡を記した。また減刑のための運動を展開しないように願うローマ教会宛の書簡もスミルナで執筆されている。またその次に滞在したトロアスでも訪問者を迎え、フィラデルフィアの教会、そして先のスミルナ教会とその監督ポリュカルポスに宛てて牧会上の注意、信徒への訓戒を記した書簡を著している。この書簡を見ると（一章一節）、ローマに着く前、最後はフィリピの教会に滞在したらしい。なおエフェソの執事ブーロスが訪問後にイグナティオスのために随行し、トロアスでも書簡執筆の手伝いをしたという。

異端・「キリスト教」・監督制

ポリュカルポス宛書簡、そして殉教への意志を熱く語るローマ書簡をのぞく諸教会宛の書簡において、イグナティオスはほぼ共通して、監督のもとに一致し、異端者・異端の教説を退け、ともにキリストに向かって走るようにと勧めている。

イグナティオスが異端として批判する人びとは仮現論（ドケティズム）であった。この人びとは、どうやら東方からやって来て、エフェソ教会には立ち寄った模様である（エフェソ九章一節）。そのためかエフェソ書簡はもっとも長文で入念に議論を構築している。たとえば書簡冒頭の「真実の受難」という強調、また「肉であり、霊であり、生まれたけれど生まれたのではない、肉となってあらわれた神、死の中での真実の生命、マリアから生まれ同時に神から出たもの、まず苦しみを受け、後に苦しみなき者、われわれの主イエス・キリスト」（エフェソ七章二節）との告白文は仮現論に対して述べられたものとなる。さらにトラレス書簡に次のような一節が見られる。「イエスはダビデの裔、マリアから真実に生まれ、食べ飲み、ポンティウス・ピラトゥスのもとに真実に迫害され、真実に十字架に付けられて死んだのです。……彼はまた真実に死者の中から甦ったのです」（九章一節以下）。仮現論を主張する人びとは、人間としてのイエスの存在を仮の姿、単なる見かけのものと主張したようである。これに対してイグナティオスは、イエスの誕生、飲食、受難、死が真実であったという。仮現論者が具体的にどのような人であったのかは不明に止まるが、ユダヤ人だったと推定される。マグネシア書簡の一〇章と一一章はこれを示唆している。

一〇章でイグナティオスは「キリスト教的に生きる」ことを勧めるが、それは「カタ・クリスティアニスモン・ゼーン」という。イグナティオスの書簡における「クリスティアニスモス」こそ文献上はじめて確認される「キリスト教」という言葉になる。この言葉は使徒言行録11章26節にみられる「クリスティアノイ」、すなわち「キリストに倣う者たち」「キリスト者」より派生したものだが、その初出はこのイグナティオス書簡となる。これに対抗して「イエス・キリストを語ってユダヤ教的に生きることはおかしなこと」と言われる。「ユダヤ教的に生きる」とは「イウダイゼイン」であって、この二つの対比が一〇章の議論となる。

では「ユダヤ教的に生きる」とは何を指すのか。それはつづく一一章に出てくる。「虚しい教えの釣針にかからず、主の誕生と、総督ポンティウス・ピラトゥスのときに起こった、主の受難と復活とを確信してください」という。つまりイエス・キリストの誕生、受難と復活についてその真実を確信するように述べるのである。ユダヤ教的に生きるとは、反対にその虚しさ、つまりその誕生は見かけだけで、受難と復活も見かけだけのものと捉えることであって、おそらく、だから主の日を祝う必要はないと述べ、旧来の安息日遵守を主張したものと推察される（マグネシア九章一節）。

なおイエス・キリストについての信仰告白文は他に左記もあり、同じく仮現論に対して述べられている。

「主は肉によればまことにダビデの裔、神の御意と大能による神の子、まことに処女より生まれ、ヨハネから洗礼を受けたが、それは彼によってすべての義が全うされるためであった。また主はポンティウス・ピラトゥスとヘロデ王のときにわれわれのために肉にあって十字架につけられた。……こうして彼は復活によって、ユダヤ人であろうと異邦人であろうと、彼の聖なる信徒に対して教会というひとつの身体において永遠に旗印を掲げられたのであった。」（スミルナ一章一節以下）

異端派への用心は教会の一致と秩序を守るためであったが、積極的にこれを推進するのが教職制である。イグナティオスといえば、単独監督制ならびに教会内のヒエラルキーの確立者との印象が強い。『ディダケー』に見られるような巡回伝道者の姿がイグナティオスには見られない。

カリスマを帯びた霊能者よりも、教職制度が前面に出てくる。それは次のような図式となる。監督―長老たち―執事たちという秩序である。さらにそれは神（キリスト）↓監督、そして使徒たち↓長老たちという比較に裏打ちされる。教会はこの教職者によって教導されるのであって、この人びとを無視してはならないという。「監督抜きで何事もしてはいけない」という言葉は決まり文句になっている。こうした教職理解は、エフェソ書簡六章一節等に見られる（他にマグネシア七章一節、トラレス二章二節から三章二節、フィラデルフィア三章二節）。かくして監督の指示のもと、長老団は「弦が竪琴に調和するように」監督と調和し、教会員すべてが「心をひとつにして」、「愛のシンフォニーをもってイエス・キリストを歌っている」と言われ、イグナティオスの考える理想の教会像が述べられている（エフェソ四章一節）。

神との一致

統一された教会の存在は、神との一致を促進するのであって、イグナティオスの究極の欲求は神との一致にあった。「神に至る」（エフェソ一二章二節など）、「神に満ちている」（マグネシア一四章一節）、「神のものである／になる」（マグネシア一章一節、ローマ六章二節など）の表現が見られる。さらに十字架は神に至るリフト（エフェソ九章一節）とあり、イエスの十字架を通してわれわれが神へと上昇することが述べられる。

この十字架はイグナティオスにとっては彼自身の殉教を意味した。殉教はイグナティオスの心底望むものであったらしい。エフェソ書簡一章、スミルナ書簡四章二節、さらにローマ書簡全体

（とくに五章から六章）が殉教について論じたところになるが、殉教こそイグナティオスにとって受難のイエスに倣い、イエスと一致することを意味したからであった。ローマ書簡のなかに「かの地に赴いたとき、わたしは人間になるでしょう。私の神の受難をまねるのを許してください」（六章二節から三節）との言葉が見られる。「かの地」とは殉教によって赴く神、キリストの場所のことだが、そこではじめて「人間になる」（アンスローポス・エソマイ）とまで彼はいう。殉教が、イグナティオスにとり真の意味で人間になること、つまり自己を確立することであったのである。ただこうなるといささかこの世界の現実感覚が怪しくなっているようにも感じるが、ローマへの護送というその状況を考慮すべきであろう。イエスを求めて走ってきた、そのゴールが目前なのである。殉教を願うイグナティオスの想いに偽りはない。むしろそこにこそ彼は自己の本来を認めているのであった。

こうしてイグナティオスは、その後ローマで殉教したようである。

最後にいささか味わい深い言葉をひとつ紹介したい。

「誰でも隣人をこの世的に見てはなりません。イエス・キリストにあって常に愛し合いなさい」（マグネシア六章二節）。この世的に見るとは「肉に従って」（カタ・サルカ）見るということだが、要するに身分、地位、富などをもとに人を見ることであろう。イグナティオスはこれを戒め、イエス・キリストのもとで相互愛、つまり身分、地位、富などを越えて互いに同じもの同士として愛し合うことをいう。そのような愛がキリストの下で可能になるという。人間同士の水平の愛がイエス・キリストを上に戴くことで可能になる。キリストとの垂直軸と人間同士という水平軸との交差において福音の愛が成り立つという思想は、ここではまだ原石に過ぎないが、キリスト教思想史にはその豊かな発展が確認される。

3　スミルナのポリュカルポス――愛、そして信仰、希望

「一切の悪しき物事の起源は、金銭欲です。」（『ピリピの信徒への手紙』四章一節）

印象深くこう記すのはスミルナの監督ポリュカルポスであった。「悪しき物事」とはギリシア語で「カレパ」、つまり「カレポン」であるが、通常は「難しいこと」を意味する。しかし第一テモテ書6章10節の「すべての悪（カコン）の根源は、金銭欲である」を敷衍しつつ、ここでは「悪しき物事」の意味で使われている。砕いて言えば、お金に汚い、がめつい、お金への執着こそがすべての悪事の起源だという。ローマのクレメンスは「嫉妬心」に一切の悪の起源を認めたが、ポリュカルポスの場合は「金銭欲」（フィラルグリア）にその起源を見いだすのである。どうやらピリピの教会の長老のひとりが連れ合いと謀って横領を行ったようで、これを背景に述べたようである。巷には神学的に見るべきものはないと低く評価する概説書もあるが、ここでは最初期の教会を生きた、牧者としての一面も考慮しつつ、ポリュカルポスについて記してみたい。以下引用に際しては、荒井献編『使徒教父文書』所収の田川建三訳を用いる。

使徒教父ポリュカルポス

使徒教父として筆頭に挙げられるのがローマのクレメンスであり、次がアンティオケアのイグナティオスだとすれば、三人目にはポリュカルポスがくる。ただしクレメンス個人について私たちはほとんど情報をもたず、イグナティオスについてはローマへの護送途上のことしかわからない。これらと比べると、ポリュカルポスについては幾ばくかの情報が伝わっている。

資料としては、ポリュカルポス自身の書いた『ピリピの信徒への手紙』（以下『書簡』と記す）、また『ポリュカルポスの殉教』（いずれも使徒教父文書）、またエイレナイオスの書いた『異端反駁』（第三巻三章四節）やエウセビオスの『教会史』（第三巻から第五巻にかけて散見）のなかに、満足のいくものではないものの、相当数の言及が見られる。またテルトゥリアヌスの著作にも若干の情報がある。

スミルナの監督ポリュカルポスの生年は不明であるが、没年としては一五五年頃、焚刑に処せられたことが『ポリュカルポスの殉教』に見られる。『ポリュカルポスの殉教』はイエスの受難物語を敷衍しつつ殉教後まもなく著されたものであって、「わたしは八六年間キリストに仕えてきた」と語るこの老監督の最期を巧みに描いたものとなっている。なおイグナティオスも同様だが、彼らの殉教はイエスの受難の模倣であり、イエスに倣い、主と一致するところに動機がある。

さて今の引用のなかにあった「八六年」という年月が年齢のことをいうのか、それとも回心後、あるいは受洗後のことをいうのか不明だが、ここでは一応年齢のことと理解しておきたい。つまり享年八六となる。

ヨハネの弟子であったことは、エイレナイオス等に見いだせるが、たとえば風呂に浸かってい た異端者ケリントスを見つけると、浴場が崩壊すると言ってヨハネが皆に逃げるように促したと いうコミカルな挿話は、ポリュカルポス経由で伝わったもののようである（エイレナイオス『異 端反駁』第三巻三章四節、エウセビオス『教会史』第三巻二八章六節、第四巻一四章六節）。さらにマ ルキオンと会ったおり、ポリュカルポスは「サタンの長子」と叫んで彼を退けたという（『異端 反駁』第三巻三章以下）。なお『書簡』七章一節に仮現論者を批判し、アンチクリストとなじる行 があるが、「かような者はサタンの長子なのです」と語る。これはイエスの受肉、十字架、復活 と裁きの真実を認めない仮現論者についてだが、マルキオンのことかどうかは怪しい。

復活祭論争とは、二世紀後半をにぎわした問題であり、事実この時期に「復活祭論」と題する 著作が複数残されている。復活祭を主の日、つまり日曜日に祝うべきか、それとも曜日を問わず ニサンの月の十四日に祝うべきかが議論された。ローマの監督ウィクトル（在位一八九―一九七） が前者を代表し、エフェソの監督のポリュクラテスが後者の立場で対立した。アジアの教会を代 表してポリュクラテスは、ヨハネやフィリポ等々の著名人の伝えるとおりニサンの月の十四日に 祝うべしとの立場を堅持したという（エウセビオス『教会史』第五巻二四章二節以下）。しかし、実 はこの論争に先立ち、ポリュカルポスがローマを訪問して、この問題について当時ローマの監督 であったアニケトゥス（在位一五四―一六五）と協議したことがあったという（一五五年頃）。し かしポリュカルポスはヨハネの伝統に立って譲ることなく、他方アニケトゥスも譲らなかった。

こうして一致を見ることはなかったが、しかしアニケトゥスもポリュカルポスも互いの伝統を尊重し、認め合い、平和裡に分かれたという。ウィクトルとポリュクラテスについては、エイレナイオスが調停に入り、この故事をもとにして破門やむなしとするウィクトルを戒め、一件落着したという。

『書簡』の諸問題

ポリュカルポスの著作として残存するのは『書簡』のみであるが、おそらくこの文書は二つの書簡が一つになったものである。まず一三章以下がイグナティオスの書簡集の添書として、イグナティオスの殉教の時期に著された。そこではまだイグナティオスが存命であるように記されている。それに対して九章では、すでにイグナティオスが亡くなっているように書いており、この相違が問題とされたのである。今日では一九三六年のP・N・ハリソンの学説がほぼ受け入れられ、二つの書簡を合体させたものがこの文書であるとの認識が一般的となっている。

また一一世紀以降の九つの写本が残存するが、状態は悪く、ギリシア語原文がすべて残っているわけではない。九章以降の欠落がすべての写本にあり、たまたま九章と一三章はエウセビオスの『教会史』に筆写されていたが、他は残存せず、結果ラテン語訳が本文となっている。また一三章について、最後の一文はエウセビオスにも欠けており、ラテン語訳が本文として採択されている。

執筆時期について一三章と一四章はイグナティオスの殉教の時期と重なるので一一〇年頃と推

定される。また一章から一二章の部分についてはローブ古典叢書の校訂をしたアーマン[1]は一三〇年から一三五年頃とするが（三二八頁）、推定の域を出るものではない。そしてこの推定が正しいのなら、イグナティオスが一一〇年頃にすでに老人と見なされるが、ポリュカルポスが一五五年頃に八六歳であるなら随分の年の差となろう。つまり一一〇年頃ポリュカルポスは四一歳と計算される。

問題の発端となった金銭欲

さてこの『書簡』は何を主題とし、また、なぜ記されたのであろうか。

筆者の見立ては、ウァレンスという元長老の金銭問題をめぐって意見を求められたポリュカルポスが、イグナティオスの殉教にも言及しつつ、キリストの模倣を説き、キリスト者として寛容や愛をもつように求めたものと考える。つまり、『書簡』の一一章に記されていることが問題の発端であって、ピリピ教会の人びとがどう対処すべきかをポリュカルポスに尋ねたのではないだろうか。ポリュカルポスはピリピの教会から求められたと記している（三章一節）。

ポリュカルポスは次のように記す。「わたしはウァレンスのために非常に悲しんでいます。彼は一時あなた方のところで長老となっていましたが、自分に与えられた職務を誤解してしまったのでした」（一一章一節）。またさらに同章四節では「わたしは彼とその連れ合いのために非常に悲しんでいます」と記す。問題は何であったのか直接言及されることはないが、貪欲、「アヴァリティア」を避けるように勧められる。この言葉には吝嗇（りんしょく）の意もあって、教会の財産を私物化して、出し惜しみをしたのであろうか。あるいは分け隔てをしたのかもしれない（一〇章二節）。このため『書簡』では金銭欲を避けるようにとしばしば戒められる。

さらにこのウァレンスに関して、決して怒りに任せることなく（一一章）、忍耐と寛容とが求められる。教会の手足の一部としてこの人びとの救済を願い、こうして教会という肢体全体が救済されるように振る舞いなさいと勧める。この忍耐と寛容とを説くために、キリストの受難（八章）、イグナティオスたち殉教者の忍耐（九章）について言及される。そして一〇章では、主の示した忍耐の事例に倣い、兄弟愛が勧められる。また七章では六章で「わたしたちを赦し給え」と述べる主の祈りとの関連で、主の復活と審判のため他者を赦すからこそ赦される、また試みにあわないように祈るべきだという。

四章から六章ではさまざまな人びとに向けて勧告が述べられる。「妻」「寡婦」「執事」「若者」「乙女」、そして「長老」に向けて倫理的な勧告が綴られるのだが、このなかの「寡婦」と「執事」と「長老」については金銭欲への戒めに言及される。本章冒頭に引いた「一切の悪しき物事の起源は、金銭欲です」が四章の冒頭にあり、「妻」と「若者」と「乙女」についてはあまり力点が感じられない。むしろ「寡婦」「執事」「長老」に力点が置かれ、そこではさまざまな徳目とならんで金銭欲が戒められるのである。なおここでいう「寡婦」とは、おそらくは聖職者の名称と推定される。その職務は祈祷であって、富者を含めさまざまな人びとのために神に祈るのが務めであった。「すべての人のために絶えず祈る」（四章三節）との文がこれを示している。元長老のウァレンスの如く貪欲に負けてはならないという。そして勧められるもの一切は「義」（ディカイオシュネ）の概念によって括られ（四章一節）、義についての教えとも言われる（三章一節）。『書簡』の内容は、具体的な問題から一般的な事柄へ進むものではなく、逆に一般的なものから具体的なものへと進んでいく。その具体的なものというのが、即ちヴァレンス問題である。そのためこの『書簡』は後ろから読んだ方が全体の構成を理解しやすい。そうするとヴァレンス問題がこの『書簡』の根元にあることがわかる。では、この問題に対してポリュカルポスはどのように答えたのか。それは金銭欲を戒め、過つ者への忍耐と寛容を説くわけだが、その根本にあるのがキリストの模倣と愛（アガペー）なのである。その意味でポリュカルポスは『書簡』を通してキリストの模倣と愛を説いていると捉えられる。

キリストの模倣とアガペー

この『書簡』冒頭、一章一節でポリュカルポスはピリピ教会の人びとを称えるが、それはこの人びとが「真実の愛の模倣を受け入れ、またあなた方のめぐり合わせとして、聖性にふさわしい鎖に縛られた人びとを見送った」ためだという。ここで言われる「真実の愛の模倣」とはキリストにおいて示された真実の愛、この愛を模倣した殉教者、具体的にはイグナティオス、そしてゾシモ、ルフォス（九章）のことを指すのであろうが、残念ながらゾシモ、ルフォスについては他に情報がない（おそらくイグナティオスとは別の時に殉教した人びと）。イエスの受難は人間に向かった真実の愛であり、これを模倣したのがイグナティオスたちなのだと解される。

こうした模倣（ミメーマタ）は信仰でもあって、イエスの教えた戒めを守り、「すべての不正、貪欲、金銭欲、虚偽、偽証」を避けるように勧められる（二章）。こうして二章の最後では、信・望・愛について少しおもしろいことが述べられる。信仰のあとに希望が来るので信・望なのだが、最後に愛が来るのではなく、最初に愛があるという。すなわち愛があって、信仰が成り立ち、最後に希望が来るという。愛・信・望だという。

「信仰はわたしたちすべての母であり、希望はこれに続きます。そして愛がこれに先立つのです。それは神とキリスト、隣人への愛（アガペー）なのです。もしわたしたちがこれら愛と信仰、希望のうちにいるのであれば、義の戒めを全うすることになります。なぜなら愛をもつ者はすべての罪から遠く離れているからです。」（三章三節）

キリストの愛、それを模倣する殉教者の愛、そして教会に属する人びとの愛、兄弟愛、これがウァレンス問題についてのポリュカルポスの最終的な回答ということになろう。

（1）B.D. Ehrman, The Apostolic Fathers, LCL24, Havard U.P., 2003.

4 『ディダケー』――生命の道を説く

「その人はキリストで商売をする人であって、そのような者には注意しなさい。」

いささかドキッとするこの言葉は、使徒教父文書のひとつ、『ディダケー』の中に出てくる（一二章五節）。「キリストで商売する人」とは「クリステンポロス」と記され、「クリストス」と「エンポロス」（商人）の合成語となる。それは諸教会を渡り歩きつつ、無為に寄食しようとする、巡回伝道者のことを指している。当時はこのような伝道者がまだまだいたのであろう。訪れてくる者はひとまずすべて受け入れるように勧告しつつも、他方で、一日二日はよいが、三日滞在する者は偽者として排除するようにと述べる。福音を語るためには、霊に満たされ、情熱とミッションをもたないといけないが、古くから単にキリストを利用しようとするだけの人がいたこともいえる。もっとも逆に見れば、利用されるほどのネットワークが教会間にあったことが確認される。

『ディダケー』は『異邦人に向けた十二使徒を通した主の教え』と呼ばれる文書の略称となる。それはこのタイトルに見える「教え」の語がギリシア語で「ディダケー」と表記されているところから来る。なお、この文書の存在は教父たちの証言（アレクサンドリアのクレメンス、オリゲネス等）によって知られていたが、その内容は長らく確認できなかった。一八七三年にコンスタンティノポリスの修道院付属の図書館で発見された写本、いわゆる「エルサレム写本五四」に記載されていたものが、唯一ほぼ完全なギリシア語写本となる。この写本には第一クレメンスなど他の使徒教父文書が含まれており、その年代は末尾にある筆耕者の書き込みによると、一〇五六年六月一一日とある。なお邦訳として荒井献編『使徒教父文書』所収の荒井献訳を用いる。

『ディダケー』の成立と概要

この文書の著者が十二使徒でないことは明らかであるとしても、内容上使徒にさかのぼる可能性までは否定されるわけではない。執筆時期は、マタイ福音書（おそらくルカ福音書も）の引用が相当数認められるので、マタイとルカ福音書が執筆され、流布した後となる。したがってあまり早い時期ではなく、紀元八〇年代以降と考えられる。また単独監督制は確認できず、聖餐と愛餐の区別も見られないなど、あまり遅くない時期に属する。そのため通例、成立時期はおおよそ一世紀末から二世紀初頭とされる。場所はシリア・パレスチナ説が有力で、他にエジプト説がある。また同じ使徒教父文書の『バルナバの手紙』との類似性も指摘されるが、どちらかが他方に依拠するのではなく、両者それぞれに共通した資料を前提とするものと考えられている。

なお『バルナバの手紙』は使徒言行録に見られるバルナバの名を冠するが、その大半は聖書の比喩的解釈、とりわけ旧約の予型論的解釈に当てられており（二章から一七章）、最後一八章から二〇章までが『ディダケー』と類似する二つの道を説く部分であって、二一章で結びとなっている。

さて『ディダケー』の全体の構成については、W・レベルによると次のようになる（レベル『新約外典・使徒教父文書概説』三五七頁以下）。

一、二つの道の教え（一章から六章）

導入（一章一節）、生命の道（一章二節から四章一四節）、死の道（五章）、結びの訓戒（六章）

二、祭儀（七章から一〇章）

洗礼（七章）、断食（八章一節）、祈り（八章二節から三節）、聖餐（九章一節から一〇章七節）、

塗油（一〇章八節）

三、巡回伝道者の処遇（一一章から一三章）

巡回伝道者の受け入れ（一一章一節から二節）、使徒と予言者（一一章三節から一〇節）、旅行中のキリスト教徒の処遇（一二章）、教会の扶養義務（一三章）

四、教会生活に関する規則（一四章から一五章）

日曜日の集会（一四章）、監督と奉仕者（一五章一節から二節）、教会規律（一五章三節から四節）

五、黙示録（一六章）

この文書はいくつかの伝承の寄せ集めによる編集の産物とする見解が有力であるが、内容の統一性を次のように理解することができる。

冒頭、生と死の二つの道という洗礼志願者への戒め（ただしすべてを守る必要はなく、できる範囲でよいとされる［六章二節］）が論じられ、洗礼に始まる教会生活が続き、最後一六章で生命へ

の注意・注視（一節）としての終末論が展開する。すなわち全体を、生命に始まり生命に終わるものと理解できる。「生命」（ゾーエー）の思想がこの文書の中心にある親柱だといえる。この点あわせて参照したいのは『バルナバの手紙』一章六節である。「主の教えは三つある。まず生命の希望、これはわたしたちの信仰のはじめと終わりである」と記す。両者が何かの伝承を共有するとすれば、生命の思想はかなり古くからある思想だといえる。もちろんこれは福音書に伝承される永遠の生命、神の国に係わるイエスの教えとつながる。ただし律法主義的なよき業の結果として付与されるものなのか、それとも信仰者の生の根底を支えるものなのかだが、少なくとも生命の道を歩む者はすでに生命に参与しているのであって、最後になってはじめてご褒美で与えられるものではない。

巡回伝道者

新約聖書あるいは一部の外典文書を除くと、『ディダケー』が他の使徒教父文書と同様に原始キリスト教、また一世紀末から二世紀はじめのいずれかの教会・地域の状況を表す証言として貴重な文献であることは言を俟たない。

たとえば洗礼について七章では次のように記されている。

「流れる水によって、父と子と聖霊の名をもって洗礼を授けなさい。流れる水がない場合には、他の水で洗礼を授けなさい。冷たい水でできない場合は、温かい水でなさい。どちらの水もない場合には、頭に水を三度、父と子と聖霊の名をもってそそぎなさい。洗礼の前には、授洗者、受洗者、また他に誰か可能な人たちがいるならば断食をしなさい。受洗者は先立つ一日か二日断食するように命じなさい。」

洗礼が川で行われていたこと、「温かい水」（おそらく温泉）も可とされていたこと、また清水が潤沢にない場合は、頭に水をかけて行うことも可とされている。また洗礼の前に断食が定められている。洗礼式が具体的にどのように実施されていたのかは新約文書には記されておらず、こうした証言は洗礼の実態を記した最初期の証言となる。

また教職制についてみると、カリスマを帯びた巡回伝道者を主体とする伝道から脱しようとしている様子が確認でき、後の職位を主体とする教会形成に向かって転換していく時期に位置する。決してカリスマ的霊能者を排除するわけではないが、「預言者」（プロフェーテース）と「使徒」（アポストロス）を警戒するのである。

「あなたがたのところに来る使徒はすべて主のように受け入れなさい。……もし三日とどまるなら、その人は偽預言者である」（一一章五節）。しかし「霊において語るものすべてが預言者ではなく、主の生き方をそなえているものが預言者である。偽預言者と預言者とは、その生き方から知られよう」（一一章八節）。従って「誰かが霊において、金銭あるいは他の何かを与えよといっても、それに耳を貸してはならない」（一一章一二節）と注意される。結局、冒頭で記したように、こうした偽預言者については「キリストで商売をする人」と手厳しく断じられる。

なお、シリア生まれのギリシア人作家ルキアノス（一二五年頃から一八〇年）の描く「ペレグリノス」の話は、ここで参考になろう。

ルキアノスによって「有名になりたさにあらゆるものに身を転じて、無数の転身をした挙句の果てに、とうとう火になってしまった。ただしそれほど名誉欲に憑かれていたのだ」（高津春繁訳『遊女の対話』、岩波文庫、一五三頁）といわれるペレグリノスは、オリンピア祭のおり焼身自殺を遂げたという。実はその彼が、一時キリスト者であったという。『ペレグリノスの昇天』一一節から一四節に見られる記事となる。

「あたかもその当時であったが、彼はパレスチナでキリスト教徒の僧侶や書記たちと交わって、彼らの驚くべき智をすっかり学びとった」（前掲書一五六頁）。そのためペレグリノスはキリスト者のあいだでキリストの次に偉くなり、「預言者」（プロフェーテース）、「祭祀長」、「シナゴーグ長」になったという。またその後にキリスト者として逮捕され投獄されると、同信のキリスト者たちがペレグリノスを救出しようとし、あるいは世話を焼き、遠くからは献金を集めて届けられ、瞬く間に彼は大金持ちになったという。

ペレグリノスはこうして一定の名声を得たのだが、結局は総督によって釈放され、死に損ねてしまった。そのためお金だけもってキリスト教から離れて行ったという。ルキアノスはペレグリノスの名誉欲とならんで、ここでキリスト者の愚かさとお人好しぶりも揶揄しているのだが、二世紀にもこのような人物がいたことが確認される。

生命の道と死の道

『ディダケー』の関心の中心がもっぱら生命にあることは、冒頭の二つの道の話から明らかであろう。そしてその道とは神への愛と隣人愛に尽きるといわれる。『バルナバの手紙』では「光の道」と「闇の道」といわれるが、生命と光と愛、死と闇と憎悪の対比、そしてそれぞれが「道」（ホドス）と捉えられている。道の思想は「主の道を守り、主に従って正義を行う」（創18章19節）など枚挙に暇はないが、二つの道も「神に従う人の道を主は知っていてくださる。神に逆らう者の道は滅びに至る」（詩1編6節）など旧約においてすでに知られている。

しかしこの文書は、キリスト教がユダヤ教の環境から脱して独自の道を歩んでいこうとする時期に属している。そのため、この中に独自性を発見するのもおもしろい。たとえば二章に見られる諸規定を十戒と比較してみると、『ディダケー』の記された環境がどのような社会であったのか推測できる。

「この教えの第二の誡命［＝隣人愛］。人を殺してはならない。姦通をしてはならない。子どもを犯してはならない。不品行を行ってはならない。盗んではならない。魔術を行ってはならない。毒をもってはならない。堕胎をしてはならない。新生児を殺してはならない。隣人の持ち物を欲しがってはならない。」

一見して十戒との類似が見てとれるのだが、微妙に異なっている。たとえば「子どもを犯してはならない」「魔術を行ってはならない。毒をもってはならない。堕胎をしてはならない。新生児を殺してはならない」といった行は十戒には見られない。これらは『ディダケー』が成立した社会において一般に見られた行為のはずで、十戒の規定に付け加わる仕方で反映されているわけである。「子どもを犯す」とは少年愛であろうし、「堕胎をしてはならない。新生児を殺してはならない」は中絶と嬰児殺しの禁止である。つまりこの著作が成立した社会では少年愛、中絶、嬰児殺しがある程度一般に行われていたのであって、地域までは特定できないとしても、明らかにギリシア・ローマ社会を背景にもっている。

つまり『ディダケー』の著者は十戒の規定を繰り返しつつ、自分たちが生きている社会の実情を反映させた独自のものを加えて戒めているのである。

こうした付加の可能性は、実は現代のわれわれの可能性でもあって、時代・社会を正面に見据えてわたしたち自身も隣人愛について考えていかねばならないことであろう。

5 『ヘルマスの牧者』——へっぽこ信徒と天使の物語

使徒教父文書といえば、著者が監督であるとか、使徒の権威のもとに書かれるとか、正統性と権威のしるしを帯びたものである。ところが、唯一『ヘルマスの牧者』（以下『牧者』）だけはそういう類のものではない。「ヘルマス」は使徒教父ではなく、いや、むしろ信徒である。またこの書では正統教理は問題にはならない。むしろ御子と聖霊を混同するところが見られたりする（「第五の譬え」六節の五など）。殉教者は称えられるものの、切羽詰まった殉教の危険を感じさせるものはなく、異端との戦いも問題とはならない。『牧者』は、むしろ信徒目線の、信徒の日常の信心を深め、そのイマジネーションを刺激する宗教文学なのである。なお黙示文学の体裁をとってはいるが、終末や来世の話題は中心ではなく、それはただのカモフラージュにしか見えない。「ヘルマス」は、どちらかというとへっぽこ信徒である。したがってローマ書16章の「ヘルマス」とは異なる人物なのであろう（14節）。ムラトリ断片には、ピウスがローマの監督の時代にこの文書が著されたという記述があり、そのピウスはヘルマスの「兄弟」であったという。ピウスは一四〇年から一五四年にかけて監督であったので、この文書は一五〇年頃の執筆と考えられるが、それにしても本当にピウスの「兄弟」だったのだろうか。少なくとも、だから権威があるとは書かれていない。むしろ『牧者』ではクレメンスへの言及がみられ（「第二の幻」四節の三）、執筆時期はもう少し早いかもしれない。また『牧者』のなかでヘルマスはもともと奴隷であるが、畑などの資産をもち、家族のある家父長として描かれている。場所はローマを中心としており、ここを執筆場所と考えてよいであろう。エウセビオスの『教会史』にも言及があり（第三巻三章六節以下）、そこでは『牧者』が古来知られており、信仰の初心者必読の書であっても、礼拝で朗読するものではないという見解が記されている。ムラトリ断片にも同様の言及が見られるが、そこから推察されるのは『牧者』がそれだけ人びとに大人気の書で、よく読まれたということであろう。なお邦訳として荒井献編『使徒教父文書』所収の荒井献訳を用いる。

全体の構成と悔い改め

『牧者』は使徒教父文書のなかでは群を抜いて長大であり、五つの幻（ホラシス）、一二の戒め（エントレー）、一〇の譬え（パラボレー）から成っている。ただし実際は戒めや譬えのなかに幻も語られ、重複するところもある。おそらく一時に全体が執筆されたものではなく、同一著者によるとしても、いくつかの時期に分けて書かれたものであろう。また全体を通してヘルマスとその「牧者」（最初は「老女」や「青年」）との対話形式で進んで行く。この牧者は、「私は悔改めさせるために存在し、悔改める人びとに理解する力を与えるものである」（「第四の戒め」二節の二）と述べるなど、ヘルマス付きの「悔改めの天使」のことである。

本書は、冒頭「私は自分の養父からローデーというある婦人に売られてローマに行った」とはじまり、そしてこの婦人がティベル川で水浴しているとき「手を差しのべ、彼女を川から引きあげたことがある。そのとき彼女の美しさを見て、心をいたく騒がした」という。この少しエロティックな話題の後、ヘルマスは道を歩いているとまどろみに襲われ、幻を見る。その幻では想いを寄せているその女性が現われ、「私はあなたの罪を申し上げるために、ここに挙げられたのです」という。自分の心の内側を見透かされたヘルマスは狼狽し、自分の罪を自覚したという。

この他愛もない話から本書ははじまり、読者は物語に引き込まれていく。さらに家族の罪の指摘、罪を記した書物、老女、青年たち、建設中の塔の幻、建材となる様々な石、また怪獣に襲われる話がつづく。

次に十二の戒めが語られる。最初は、創造主である神を信じ、そして神を恐れ、節制するようにいう。なおここに「無からの創造」(二六章一節)の言葉が見られる(また一章六節も参照)。第二は純粋・無垢であれといわれ、第三は真実を愛し、真実を述べよ、第四は純潔であれ、第五は辛抱強く、賢明であれという。第六から第八までは、第一の信、恐れ、節制について再度取り上げ、詳述される。第九は二心、つまり疑心を捨てよ、第一〇は悲しみを取り去れ、第一一は偽預言者への警戒、そして最後第一二は、悪しき欲望を避け、よき欲求を身につけよと勧める。しかしこれら厳しい戒めが語られると、ヘルマスはむしろ落胆し守れないと泣き言をいう。そこで守護の天使にあたる「牧者」はヘルマスを叱咤激励する。

つづく一〇の譬えでは、ブドウと楡の木の譬え、枯れた木、芽吹く木、また断食に関するブドウ園の譬えが次々と語られる。ブドウ園の譬えは比較的長く詳しいので、ヘルマスは小麦畑に加えてブドウ園も所有していたのかもしれない。ブドウと楡の木とは相互関係にあり、ブドウは楡の木に巻きついて成長することで豊かな実りを得、楡の木はブドウのおかげで実をつける木となったという。楡の木を使ったブドウ栽培についてはプリニウスの『博物誌』第一六巻二九章（七二節）にも言及があり、またオヴィディウスの『恋愛技法』では「楡はブドウを愛し、ブドウは楡を見捨てない」とある（第二巻四二節）。両者の関係をとおして語られるのは救貧の勧めであって、富者は施すことで救いを得、天に席をもつ貧者は与えられることで日々の生活を確かにでき、お互いさまの関係にあるという。

さらに羊飼いの譬え、また懲罰の天使が現われ、ヘルマスと家族を罰する話、楡とその枝の譬え、そして本書で最長の譬えである塔の建設が詳述される。最後の第一〇の譬えは結びに当たり、この部分はラテン語のみで残っている。

天使たち

ヘルマスは誰もが共感できるへっぽこ信徒である。たとえば「ご主人さま、私は生涯で一度も本当のことを言ったことがなく、いつでもすべての人びとと共に詐欺師として生活し、……わたしの嘘をまことしやかに語っておりました」（「第三の戒め」三節）と臆面もなく告白し、嘘つきであると卑下する。これを慰め導くのが牧者であって、悔改めの天使なのである。

ただし本書に現われるのはこの天使ばかりではない。栄光の天使、ミカエル、また獣を支配する「テグリ」という名の天使、懲罰の天使、サフラン色の衣を着た羊飼いの比喩で語られる贅沢と欺瞞の天使、教会を建て上げる六名の天使などである。

たとえば一二の戒めを語り終えてこれを遵守するよう厳命する「牧者」に向かって、ヘルマスは自信をなくしてへこたれる。そこで天使は叱咤激励する。

「お馬鹿さん、分からずや、二心ある者よ、おまえは、神の栄光がいかに大いなるもので力強く、驚くべきものであるかが分からないのか。神は人間のためにこの世を創り、その全被造物を人間に委ね、天の下にある万物を治める全権を人間に与えたもうたことを。」（「第一二の戒め」四節の二）

あかんたれのヘルマスにいら立つ天使（牧者）の言葉は厳しくもあり、また優しい。現代のエコロジーの視点からすれば言語道断の人間中心主義だが、時代が違う。世界を滅亡させることができるほどの科学技術をもつ現代と、外に出れば猛獣に食い殺されるかもしれない古代ローマ社会は決定的に異なる。むしろ富も権力もない大勢の人が地を這うように生きている時代に、このような人間賛歌はキリスト教の魅力だったのだろう。何よりもヘルマスは自信を取りもどしたという。

さて、ちょっとおもしろい天使の話が左記となる。

ディズニーの人気アニメ、ドナルド・ダックの話で、ドナルド・ダックの頭上の左右に天使と悪魔がいて、それぞれ善悪を勧めるというシーンを見た覚えがあるが、まさにその場面に相当する記事がある。

「義の天使は、繊細で、謙虚で……。この天使がおまえの心に浮かび上がると、直ちにおまえと、純潔について、神聖について、自制について、すべての正しい業について、すべての輝かしい徳について語る。……さて、悪の天使の業にも注目しなければならぬ。まず第一に、彼は短気で、おこりっぽく……だから彼がおまえの心に浮かび上がるなら、彼をその業によって見分けなさい。」（「第六の戒め」二節の三）

こうして、人には善悪二人の天使が付いていると述べ、短気で苦々しい気持ちは悪の天使の仕業なのだから我慢して、悪しき欲望から身を避けるように諭される。このような言説は、一般民衆、信徒のイマジネーションを掻き立て、日々の信仰生活を活性化したのだろう。ここに登場する天使の話は、聖書的根拠は薄いとしても、民衆の教化という点では大きな力を発揮したのではないだろうか。なによりも自分たちの善悪の理由がわかりやすい。とは言えこれら天使に従うのはあくまでも自分たちであるから、悪い場合は悔い改めが必要となってくる。

教会の建設

『牧者』には独特の教会論があり、とりわけ「第三の幻」と「第九の譬え」では教会形成が「塔の建築」として形象的・比喩的に語られている。「第三の幻」を見てみよう。

ヘルマスは幻のなかで、六名の青年たちが白い塔を建てようとしているのを見る。「塔」とは教会であって、幻を見せている「老女」自身のことであり、六名の青年とは塔を建てる天使だという。この塔は水の上に建てられようとするが、それは命が水を介して救われたからである。つまり水は洗礼のことを指す。さらに位の低い天使たちが方々から石を運んでくる。

興味深いのはここに登場する石である。ちょっと面白いので煩を厭わずに挙げてみたい。

四角で白く継ぎ目にされた「石」は、使徒、監督、教師、執事たちのことである。また深淵から引き揚げられ建物に組み入れられた「石」は、主のみ名のゆえに苦難を受けた人びと、乾いた地上から運ばれた「石」とは主の真直ぐな道を歩み、戒めを遵守した人びとである。運ばれて建物に使われた「石」は若いが信仰している人びと、しかし拒まれて捨てられた「石」は、罪を犯したが悔い改めようとする人びとであって、悔い改めれば塔に使用される。打ち砕かれた「石」、遠くに捨てられた「石」は罪の子ら、建物に使用されず転がっている「石」は真理を認識したが教会にとどまらず、使徒たちと交わらない人びと、また亀裂のある「石」は、表面上は穏やかだとしても、平和を乱し、敵意のある人びと、また白くて丸く、建物に合わない「石」は、信仰をもってはいるが、富ももっている人であり、富者はその富が施しによって切り取られないと四角くならず、教会には使われない。その他、塔から遠くに投げ捨てられ、さらに荒れ地に転がった「石」は、道に迷って悲惨な境遇にある人びとのことである。火のなかで焼けている「石」は、悪業のため悪さしか思い浮かばない人びと、水ぎわに落ちたが水の中には落ちない「石」は、洗礼を受けようと思っているが、未だ果たせない人びとだという。

なおもうひとつ別の幻では、教会を支える七名の乙女、つまり信仰、節制、純心、英知、無垢、謹厳、博愛といった諸徳が互いに教会を支え合っているという。そして急ピッチで進む塔の建設が終わったら、世の終わりが来る、だから塔が建設される前に悔い改めなさいといわれる。

以上ここに登場する「石」は一三種類にのぼる。福音書の種まきの譬えで分類されるのが五指で間に合う程度であることを考慮すると、これだけ手の込んだ分類にはどのような意味があったのか。二世紀のキリスト教世界は、ともすれば正統と異端といった、いささか白黒の世界に見えがちだが、ここからはニュアンスに富んだ色彩が感じられ、ザワつきつつも生気に富んだ教会の姿が透けて見えるのである。

『牧者』の魅力は、その豊かなイマジネーションと天使の話に見られる民衆レベルでの宗教心の発現にある。そこでは、素朴ではあるが最初期の信徒のリアルが描かれており、二世紀のキリスト教世界の生々しい雰囲気を伝えてくれている。

6　弁証家ユスティノス（1）――私たちのキリストはロゴスそのものです

「ですからロゴスに与って生活した人びとはキリスト者なのです。たとえばギリシア人のなかでは、ソクラテス……」

いささか衝撃的な仕方で、ソクラテスがキリスト者（クリスティアノス）であると述べるのは、古代より殉教者として記念されてきた弁証家ユスティノスである（『一弁』四六章三節）。

それにしても、なぜソクラテスがキリスト者であるというのか。紀元前三九九年に刑死したソクラテスはイエスの生まれるはるか以前のアテナイの哲学者である。そのような人物がイエス・キリストと関係があるはずはなく、アナクロニズムも甚だしい。しかし、ユスティノスは真顔で、ソクラテスはキリストと深く関係しているという。むしろ、この言明が私たちに奇妙にみえるのは、近代の直線的な時間意識が私たちの考え方にしみ込んでいるからかもしれない（クロスビー『数量化革命』一二六頁以下）。この時間の意識を一度カッコに入れるならば、ソクラテスほど真理を愛し求めた者がキリストと深い関係にあると考えたのも無理はないだろう。

教父学においてユスティノスは二世紀の弁証家のひとりに数えられる。キリスト教文学は、聖書にせよ使徒教父にせよ、元来教会の内部文書であって、読み手としては同信の徒が想定されている。しかし二世紀になると外向きの文書が生み出されるのであって、その書き手が「弁証家」と呼ばれる。あるキリスト教の辞典は「弁証家」（Apologists）について適切にも次のように記す。「とくに外部に対する自分たちの信仰の理性的な弁護と推奨を行う仕事にはじめて従事した、一二〇年頃から二二〇年頃のキリスト教著作家に与えられた名称。そこにはアリスティデス、殉教者ユスティノス、タティアノス、アテナゴラス、テオフィロス、ミヌキウス・フェリクス、テルトゥリアヌスが含まれる。この人びとは、キリスト教が教養ある人びとのなかに改宗者をはじめて獲得し、また国家との間でまさに自分の生存権をめぐって争っていた時代に属している。彼らの目的は、キリスト教に対する公平な傾聴を得ることであり、また一般的な誹謗と誤解を除き、……またこの目的のためにキリスト教の信仰と実践との説明を行うことであった。」（Oxford Dictionary of the Christian Church, p.87）

こうした弁証家としてはアリスティデス、アテナゴラス、メリト、そしてユスティノス等々があげられる。なおユスティノスの弁明書からの引用は柴田有訳を用いた。

ユスティノスの生涯と著作

弁証家ユスティノスはフラビア・ネアポリス、現在のナブルス（旧約のシケム）の出身であって、祖父の名前はバッケイオス、父はプリスクスという。生年は不明だが、一〇〇年頃と推定される。ストア派など哲学的諸学派を遍歴したのちキリスト教に帰依し、ローマでキリスト教の私塾をひらいて教えたという。弁証家の代表格と見なされる。その最期は、ユスティノスを妬ましく思っていた哲学者クレスケンスによって「キリスト者」として告発されて殉教したという。一六五年頃のことと推定される。

教会史家エウセビオスの記すユスティノスの著作リスト（『教会史』第四巻一八章）には『マルキオン駁論』（全異端反駁）、『シュンタグマ』、『神のモナルキア』、『魂』、『復活』、『竪琴』という題名も伝わるが、残存するものは『第一弁明』と『第二弁明』、そして『ユダヤ人トリュフォンとの対話』の三書のみ。テクストとしては一三六四年のパリ写本四五〇番が最古のものとなる。その他エウセビオスの『教会史』第四巻に引用されているテクスト、またダマスコのヨハネの『詞華集』（サクラ・パラレッラ）に載せられているものもある。

一五五年頃の著作と推定される『第一弁明』は、アントニヌス・ピウス帝と当時後継者となっていたヴェリッシムス（後のマルクス・アウレリウス帝のこと）とルキウスに宛てられている。『第二弁明』はローマの元老院に宛てて書かれている。ただし元老院の筆頭者はアントニヌス・ピウス帝であるので、宛先に大きな変更はないといえよう。『第一弁明』の後、ほどなくして起こったローマ市での三名のキリスト者の刑死をきっかけに執筆され、提出されたものと思われる。「提出」というのは、両書ともにおそらくは「請願書」であって、浴場など公共の場に掲示され、勅答を期待した法的文書と思われるからである。市民であれば皇帝に直訴できるしくみが、先代のハドリアヌス帝の時代に整えられたのである。

『第一弁明』は全体が六八章に分けられ、一章から二九章までは、「キリスト者」という名を理由とした処罰の理不尽さ、キリスト者が無神論者であると非難されることの不当さへの弁明となり、三〇章から六〇章まではイエスの語録、また彼が魔術師ではなく、旧約で予言された者であること等、さらに六一章から六七章までで当時のキリスト教における洗礼式、聖餐式の様子が語られ、最後の六八章には不法を調べて相応に処罰せよというハドリアヌス帝の書簡の写しが記載され閉じられている。

『第二弁明』は冒頭の序につづいて第二章で、ローマ市で起こった三名のキリスト者の処刑の出来事を報告しつつその理不尽さを説く。全体は一五章に分けられ、キリスト者が自殺をしない理由、正しいのになぜ迫害されるのか、神は名づけられないこと、終末遅延の理由などがテーマとなる。『第一弁明』で議論を尽くせなかったところを補足しているものと思われる。

『ユダヤ人トリュフォンとの対話』は、バル・コクバの乱の折に行われたとされる対話を基にするというが、その真偽は不明にとどまる。なお執筆時期は、『第一弁明』への言及があるので（一二〇章）、その後と推定され、一六〇年頃と考えられる。全体は一四二章に分けられ、最初期の反ユダヤ主義文学の一つに数えられる。なお序文と七四章の大半はテクストが喪失している。まず二章から九章は前置きであって、ここにユスティノスの哲学的遍歴が記されている。一〇章から四七章まではキリスト教の視点からの旧約解釈、四八章から一〇八章までがキリストを神として礼拝することの正当性、そして一〇九章から一四二章までがキリスト者が新しいイスラエルであり、神の民であることが論じられる。

キリスト教迫害

弁明書執筆の直接の動機はキリスト教迫害にあり、名のゆえの罪と罰に対する憤りである。キリスト教迫害は古くはネロ帝のものが有名だが、局地的で限定的なものにすぎない。むしろここで問題となるのは、トラヤヌス帝の提示した指針、すなわち「キリスト者」という名（nomen christianum）のゆえに処罰に値するという定めである。

一一〇年頃総督としてポントス・ビテュニア州に赴任途上の小プリニウスは、アジア州に夥しい数のキリスト者を見いだして驚愕した。その処置について皇帝に確認したところ、トラヤヌス帝は「キリスト者」という名を認めることで有罪と定めた（『プリニウス書簡集』第一〇巻四七）。もっとも、この判断は世論を意識したものであって、決してトラヤヌス帝がキリスト教嫌いであったわけではない。社会において忌み嫌われているキリスト者を処罰するように定めつつも、皇帝は文明国家ローマに相応しく苦心して、棄教すれば釈放される、探索しない、正式な告訴が必要であって密告を受けつけてはならないと条件を付けていた。当時ローマ社会にはキリスト教嫌いが広がっていて、「キリスト者」というだけで胡散臭い目で見られていたという。たとえば「ガイウス某はいいやつだ。だけどキリスト者だ」といった言い方が当たり前のように見られたと、二世紀末にテルトゥリアヌスは記していた。皇帝もこれを無視するわけにはいかなかったのであろう。ちなみに、江戸時代に「切支丹」という名のゆえに処罰されることがまかり通った歴史をもつ私たちには、政府が名を不法としたのだから不法だと納得するかもしれないが、ここではそのような考え方は微塵も出てこない。この違いは何だろうか？　いずれにしても、この「名のゆえに有罪」という定めにキリスト者は理不尽を覚え、その是正を求めていく。ユスティノスにとってその議論の核心にロゴス論があることになる。

ロゴス論

名のゆえに処罰される理不尽に対してユスティノスの求めるものは、名ではなく実であり、すなわち行為に応じて処罰すること、そのため公正な審理を実現することであって、その実現が弁明書の目的となる。しかしそもそも、なぜ名のゆえに処罰されるようなことが起こるのか、なぜ公正な審理がなされないのか、なぜキリスト者は社会において嫌われるのか、これら一連の問いに対するユスティノスの見いだした回答は、皇帝の政治が悪いとか、民衆が愚で悪いというものではなく、一切を悪霊の働きに還元することであった。それはギリシアやローマの神々のことであり、この悪霊が人びとに恐怖を起こさせ、キリスト者を処罰するように働きかけるという。しかし、それだけならただの宗教間の争いにすぎない。

ユスティノスの議論には二元論的傾向があって、ロゴスに対してはアロゴス（非ロゴス）、真実の神に対しては悪霊といった対比で考えられている。その上で、キリスト者に加えられる批判、攻撃の一切を誰か人間の責任に帰すのではなく、悪霊の仕業だという。迫害は悪霊に惑わされた人びとが行っている。これに対してキリスト者はロゴスに従って生き、善の側に立つという。ユスティノスの思想におけるユダヤ的黙示思想の影響が指摘されるところである。この世の現実は悪霊によるアロゴスな支配に晒されているのであって、つまりユスティノスによれば、この世界はそもそも歪んでいるということになる。そこにロゴスがやって来て、世の理不尽を正そうとした。キリスト者とは、ロゴス自身であるキリストに倣う者たちであって、ロゴスに従って生きている。しかし、だからこそ――にもかかわらず、ではなく――この世はキリスト者を迫害しようと万策を練る。しかしすべてのロゴスの中心にロゴス自身であるキリストが立っているのである。ギリシア哲学においてロゴスは物事の理、人間の理性、そして理性によって捉えられたものの表現としての言葉の三重の意味を担うが、さらにこれら一切のロゴスの中心にイエス・キリストがいるという。

ここに「ソクラテス」が登場する。ユスティノスは弁明書のなかで繰り返しソクラテスに言及する（『一弁』五章三節、四節、一八章五節、四六章三節、『二弁』三章六節、七章三節、一〇章五節、八節）。かつて世間はロゴスに従う生を求めたソクラテスを迫害し、処刑した。このソクラテスの記憶は、哲学を学ぶ教養人の誰もが知っている。アントニヌス帝も、まして愛知者と呼ばれる後継者ヴェリッシムス、すなわち後のマルクス・アウレリウス帝にも周知されている苦い記憶であろう。ユスティノスにとってソクラテスは、（1）ロゴスに従って生きた人であると同時に、（2）それゆえに迫害された人なのである。ソクラテスと同様に、キリスト者もロゴスに従うがゆえに迫害される。それは悪霊の仕業なのである。

「たとえ一時でもロゴスに従って生活し、悪を避けようと努める者は皆、憎悪を受けねばならないように、何時の時代にも悪霊は仕組んできたのです。」（『二弁』八章二節）

あまりの理不尽を目の前にすると人は悪魔という存在のリアリティを感じるものなのであろう。ユスティノスの悪霊論は人を敵としない点で修辞学として優れていると思うが、思想としてもリアルだと思う。彼はこのような現実を前に、死を恐れることを知らなかった（死の克服が彼の入信の動機であったことは『二弁』一二章一節以下に記されている）。さらにロゴスそのものが神の力、デュナミスであり、人をして死を乗り越えさせるものであるとの確信が、ユスティノスには見られる（『二弁』一〇章八節）。あくまでもロゴスに信頼し、堂々と議論し、そのロゴスに希望を見いだす。そして、それが「キリスト者」だと彼はいうのである。

7　弁証家ユスティノス（2）――神の力としてのロゴス

大学で神学を学んでいたころ、旧約学の先生が礼拝での聖書朗読について、決して読みまちがえてはいけないとおっしゃっていた。なぜなら「あなたがたが朗読するその言葉は、神の言葉」であってあなたがたの声は「神の声」となるから、と。とりわけこの言葉は印象に残っていて、以来肝に銘じている。礼拝の場における聖書朗読はまちがえないように心がけている。

ところでユスティノスのロゴス・キリスト論のテクストを読んでいくと、ところどころにそのロゴスが神の力、デュナミスであると記されている。そしてこの点に、ソクラテスとの違いがあるという。

「ソクラテスを信じて、この人の教えのために死に至ったほどの者はおりません。これに比すれば、ソクラテスも部分的には知っていたキリストの場合、愛知者や学者ばかりか、手職人やまったく教養のない人びとまでもこのかたを信じ、栄誉も恐怖も死も取るに足らずとしたのです。要するにこのかたは、言葉で言い表すことのできない御父の力であって、人間的制約を負ったロゴスの産物などではないのです。」（『二弁』一〇章八節）

神の力としてのロゴスとは何か。ロゴスのもつ、このような力という視点は、先んずる哲学諸派のロゴス論から導出されないという。それはキリスト教に独自のものであって、「二世紀のローマ帝国におけるキリスト教の状況」を考慮に入れなければならないものであるという（水垣渉『宗教的探究の問題』二一七頁）。

であればユスティノスが述べる神の力としてのロゴスを理解するのはむずかしい。長年考えてきた結果、わたしたちの日常が忘却しつつあるものに注目する必要があると思っている。すなわち「声」である。ロゴス論を検討するとき、それが物事の理であり、理性・知性であり、また言葉であって、これら三つの視点が統合されていることを理解せねばならないが、さらにその「言葉」という時には書かれた文字のみならず、声としての言葉である点も忘れてはならないと考えている。

声としての言葉

ところでイエスはどのような声で話をなさったのだろうか。その声はいかなるものであったのだろうか。

残念だが現代のわたしたちに分かるはずもなく、おそらくこの世でその声を聴くことはかなわない。しかしはるか二〇〇〇年前、イエスの直弟子たちはその声を親しく聴き、記憶していたはずで、その記憶を頼りにその言葉を伝えたのであろう。パウロですらイエスの声を聴き、回心を遂げたという（使徒9章4節以下）。そして、その使徒たちの声を彼らの弟子たちは聴き、覚えていたはずであって、それらの言葉は声とともに記憶されたのであろう。

これに対して、私たちの社会において言葉はますます情報と化し、文字化されたものになっている。スマートフォンの「ライン」というものは声を伴わない通信手段だそうで、日常の会話がやりとりされているという。スタンプでニュアンスが出せるようだが、「え、声を聴きたいとは思わないの?」とびっくりしたことがある。言葉はたんなる情報ではないし、声のともなわない、情報となった文字それ自体には何の力もなく、訴えるものもない。たとえば秋田の男鹿半島のなまはげが家々を練り歩くとき「悪い子はいないか!」と叫ぶかわりに、紙にそう書いて示すならどうであろうか。いくら来訪神の恐ろし気な姿形をしていようとも、そんななまはげは滑稽で、ちっとも怖くはないであろう。

私たちは人の声に怯え、人の声に励まされ、人の声に安らぎを得る。電車やエレベーターのなかで大声で話をする学生などをみると、その甲高い黄色い声のため疲労感を覚えることもあろう。あるいは、たとえば会議での議論は発言者が声を出し合って行うものだが、声の大きい者もいて、声としての言葉には闘技的性格があるという。このあたりはオングの書に詳しい(『声の文化と文字の文化』特に第三章)。旧約の中でも、たとえば預言のアモス書3章8節には「獅子が咆哮する、誰が怖れを抱かないであろうか。主なる神が語られる、誰が預言せずにいられるだろうか」とあり、神の言葉が獅子の咆哮する声と同様の力強い声であることが述べられている。オングはこのような力としての声を次のようにも説明していた。

「音声は力を使わなければ、音としてひびくことができない。狩人は、バッファローが完全に力なく横たわり、ほとんど死んでいるときは、それを見たり、においを嗅いだり、なめたり、さわったりできる。しかしバッファローが声を立てているのが聞こえるときは、離れて見守る方が賢明である。何かが起ころうとしているのだから。この意味ですべての音声、とりわけ口頭での発話は、全体の内部から発するのであるから、力動的なのである。」（オング『声の文化と文字の文化』七四頁）

純粋な論理としての言葉というものは文字化された言葉であって、思想を形成するものだろうが、声としての言葉は、人に向けて語りかけられ、説得し、納得させ、教化する力がある。わたしたちが誰か人を信頼するとすれば、そのような声を伴った言葉によるのである。言葉を話すロボットも最初は物珍しくおもしろかったが、今となってはどこかしら白々しく感じるのも、ＡＩは自分の声というものをもたないからであろう。

礼拝での聖書朗読も本来そのような声を聴くはずであって、自分の聖書を開いて朗読に合わせて書かれた文字を追うものではない。ユスティノスがロゴスというときに思い描いていたのは、教会での聖書朗読、つまり記憶された主の言葉の朗読であったように思う。『第一弁明』の六一章以降は、当時のキリスト教の洗礼の様子、また礼拝の模様が記されており、次のように記されている。「太陽の日と呼ばれる曜日には、町ごと村ごとの住民すべてが一つ所に集い、使徒たちの回想録か予言者の書が時間のゆるす限り朗読されます」（『一弁』六七章三節）。ここで「使徒たちの回想録」というのは使徒言行録のことではない。六六章三節に「使徒たちはその手になる『福音』と呼ばれる回想録のなかで……」とあり、福音書のことを指す。この箇所は、礼拝で福音書が朗読されていたことを述べる最初の証言となっている。ユスティノスはローマにおいてキリスト教を教える立場にあったが、彼のロゴス論の根本には、礼拝においてイエスの言葉に接する経験があったものと思われる。

神の力としてのロゴス

ではユスティノスは、どのようにロゴスが力であると述べているのであろうか。

「またイエス・キリストは神のロゴス、初子、力であって、このかただけが固有の意味で神の子として生まれ、神の意思によって人となり、人類の回心と回復のために教えを語ったこと……以上の論証をなそうと思います。」(『一弁』二三章二節)

おそらくはここで力といわれるのは、最後の「人類の回心と回復のために教えを語ったこと」につながっている。その言葉は救いに導く力となるからである。しかしなぜそのような力があるのか。

さらに二つ続けて引いておこう。

「さて万物の父また支配者なる神につぐ第一の力は、ロゴスなる子でもあります。」(『一弁』三二章一〇節)

「こうして霊と神からの力とがロゴスにほかならぬものであると理解するのが当然であり……」(『一弁』三三章六節)

これらの他にもロゴスを力と述べるテクストはいくらか見られるが、とくにその力とは何かを解くものではない。しかし、次のテクストは重要である。

「キリストの発した言葉は短く簡潔なものです。彼はソフィストの輩ではありませんでした。否、彼の言葉は神の力であったのです。」（『一弁』一四章五節）

ここでいうソフィストとは雄弁家のことであろう。ユスティノスはこう述べて、解説をくわえて続けて一九章まで福音書のイエスの言葉を引用していく。

「キリストの発した言葉」とは、語られた言葉、声として発せられた言葉に他ならない。つづいて引用される福音書の言葉は、すべてイエスが語ったとされる言葉だからである。例えば最初の引用はマタイ福音書5章28節であって、イエスが声を出して教え諭すところになる。

「欲情をもって女を見る者は、すでに神の前に心の内で姦淫を犯したのである。」

こうした短いイエスの言葉が連なっていくのであって、これはその言葉を声として記憶するところから来るのであろう。ちなみに新共同訳には「みだらな思いで他人の妻を見るものは誰でも、すでに心の中でその女を犯したのである」と記されていて若干の相違がみられる。とくに「神の前に」（パラ・トー・テオー）は新約テクストにはなく、ユスティノスはマタイ福音書を手許において書いているのではなく、むしろ記憶をたよりに書いているのであろう。

「もしあなたの右の目が罪を犯させるなら、それを叩き出しなさい。片目で天国に入る方が、両目がそろったままで永遠の火に投げ込まれるよりましであろう。」（マタイ5章29節）

こうして一五章七節までは性倫理にかかわる言葉（他にマタイ5章32節、19章12節）が引かれ、つづいて罪の悔い改めにかかわる言葉としてマタイ福音書9章13節「わたしが来たのは義人を招くためではなく、罪びとを悔い改めに招くためである」が引かれる。さらにすべての人に対する愛についての引用がつづく。これはタキトゥスがネロ帝のキリスト教迫害の記事を書いたときに、放火罪というよりむしろ「人類敵視の罪」（オディウム・フマニ・ゲネリス）を挙げていたことを思い起こすなら（『年代記』第一五巻四四章）、ローマの人びとにとって興味深い引用となっている。

「自分を愛するものを愛したからとて、なんの新しいことをしていようか。そのようなことは淫行の者でさえする。しかし、わたしはあなたがたにいう。あなたがたの敵のために祈り、あなたがたを憎む者を愛し、あなたがたを呪う者を祝福し、あなたがたをはずかしめる者のために祈れ。」（マタイ5章46節、44節）

このように一九章までユスティノスが引用するイエスの言葉の内容を見ると、純潔の勧め、悔改め、万人への愛、貧者への喜捨、忍耐、誓いの禁止（常に真実を述べなければならない）、神のみを礼拝すべきこと、偽キリスト者を用心すべきこと、そして皇帝への税の正当性、死後の生、以上となっている。キリスト者は決してその名のゆえに処罰されるに値するような、道徳的に堕落した悪人ではなく、またその教えはローマ社会を敵視するものでは決してないことがイエスの語った言葉として証せられている。

イエスは雄弁家ではなく、そのためレトリックを駆使した演説を述べたのではない。むしろその言葉は「短く」（ブラケイス）、また「簡潔」（シュントモイ）であったという。そしてそれだけに力強いものであり、「神の力」であったという。イエス自身がロゴスとして神の力であり、それゆえ彼の語った言葉も力強く響き、信頼を生じさせるものであった。冒頭に挙げた『第二弁明』一〇章八節以下は、ソクラテスとキリストの対比を述べるが、その要点は、愛知者や学者ばかりでなく、手職人やまったく教養なき者どもも信頼するに至ったところが異なり、その理由は、キリスト（のロゴス）は父なる神の力、デュナミスだからだという。御言葉を聴き信を確かにする。そのような人びとを彼は礼拝の場で見知っていたのであろう。

ユスティノスのロゴス論は、ソクラテスをキリスト者とする面もあるが、ギリシア哲学の影響ばかりではない。ヨハネ福音書やフィロンのロゴス論、旧約の「知恵」も大事であろうが、それらと並んで礼拝での聖書朗読の経験をもとにした「神の声」という側面もあって、ここから神のデュナミスとしてロゴスを論ずることができたのではないだろうか。声には力があり、人格の香気を身にまとう。声を聴くという経験の大切さをあらためて確認したい。

8 『ヤコブ原福音書』――新しきマリア論の形成

かすかに残る幼いころの記憶のひとつに、幼稚園でのページェントがある。二階にある礼拝堂で、白衣を着て天使に扮し「暗闇のなかを歩んでいる民は大いなる光を見た」というイザヤ書の一節をそらんじた。そしてそこには、大きな馬小屋のなか、幼子イエスを中心に、母マリア、父ヨセフ、羊飼いたちと東方の三博士がまわりを囲んでいた。

ところが、である。神学部に入学すると、まず「馬小屋」は書いていないと教えられ、また羊飼いたちが最初で次に博士が来るという順序には根拠がないと学び、挙句の果てに、これら降誕物語には史実性はほとんどないとの講義をうけた。すっかりしょげたのだが、歴史を学ぶようになって、では、なぜこのような物語が生成してきたのかに興味が移った。福音書にはイエスの公生涯が記されているが、それ以前のことはほとんど記されていない。マルコやヨハネ福音書にいたってはまったく書いていない。さらに二世紀になると、マタイやルカ福音書に伝承されている数少ない物語だけでなく、それ以上のものが求められるようになったのであろう。こうして誕生したのが「幼児福音書」と呼ばれる『ヤコブ原福音書』であり、また「トマスによるイエスの幼児物語」だといえよう。後者は幼児期のイエスのエピソードを記し、前者はマリアの誕生からはじまり、イエスの降誕物語、エピローグへ進んでいく。

新約外典文書

古代キリスト教文学のなかで新約外典文書はいささか曖昧な位置づけにある。正典を模しているかぎりで新約学の領域に属するが、実質は二世紀以降の文書群なので教父学の領域に入る。シュネーメルヒャーによると、その定義は次のようになる。

「新約外典文書とは、正典には採択されなかったが、表題やその他の言明を通して正典文書と同じ価値があると要求する文書、また様式史的に見て新約において創出され、引き継がれた文学類型を――確かに別の要素も加えられているのだが――発展させ、展開した文書のことである。[1]」

つまり正典と同等の価値があると主張し、正典文書と同じ文学類型を用いて記された文書群のことになる。荒井献による定義も、「正典から排除」というやや異端に好意的な点を除けば、ほぼこの二点を主軸とする（荒井献『新約聖書外典』一七頁）。

なおこの定義には執筆時期が触れられていないので、ひと言説明が必要であろう。確かに「福音書」といった文学類型をとる以上、その元々の著述は二、三世紀に遡るものが多いのだろうが、しかしその伝承過程はいささか不明な点が多い。つまり現在わたしたちが手にしている外典文書は、加筆や修正を加えられた可能性が高く、どの時期のものが残存しているのかを定めるのが難しい。正典に加えられた文書は、礼拝の場で朗読される等、本文が安定する傾向にあるが、外典文書は比較的容易に加筆やら修正やらが可能な環境にあったと言える。極端なことを言えば、誰かがこっそり自分流に書き加えて隠しておき、それが長い時を経てたまたま現代に発見された可能性もなくはない。そのため現存する外典文書が、たとえば二世紀のものなどと定めるのは難しい。もちろん「正典」といっても四世紀までは東西教会において相違があるので判断するのも難しいのだが、要は、本文の安定性が違うのである。なお古代において「外典」という括りがあるわけではなく、それらがひとつの集成をなすとの認識はなかった。それはあくまでも現代のコンセプトなのである。そのため外典イコール異端というわけではなく、文書それぞれの評価になる。

新約外典と呼ばれる諸文書は「福音書」や「言行録」、「手紙」、「黙示録」といった文学類型に従って著されている。他にパピルス断片や、福音書に記されていないイエスの言葉を伝える「アグラファ」と呼ばれる部分的資料も含められる。日本では、荒井献や大貫隆といった東大チームが率先して翻訳を敢行し、一九七〇年代に旧約外典・偽典をふくめた『聖書外典偽典』一〇巻が日本聖書学研究所（教文館）から、また一九九七、九八年には『ナグ・ハマディ文書』四巻が岩波書店からそれぞれ出版されている。それらの文書は、グノーシス文書をふくめてかなりの数に上る。講談社文芸文庫に収められているタイトルを列挙するなら、『ヤコブ原福音書』、『トマスによるイエスの幼児物語』、『ペテロ福音書』、『ニコデモ福音書』、『ヨハネ行伝』、『ペテロ行伝』、『パウロ行伝』、『アンデレ行伝』、『使徒ユダ・トマスの行伝』、『セネカとパウロの往復書簡』、『パウロの黙示録』となる。しかしこれらは、新約外典の一部にすぎない。全体はかなりの文書数にのぼり、またそこには複雑な歴史過程があることはいうまでもない。なお本章と第九章においては荒井献編『新約聖書外典』所収の八木誠一・伊吹雄訳の『ヤコブ原福音書』、ならびに『パウロとテクラの行伝』については同書の青野太潮訳を使用している。

『ヤコブ原福音書』

膨大な外典文書のなかから、いま取り上げたいのは『ヤコブ原福音書』である。外典文書にもかかわらずそのマリア論は、続く時代のマリア論を牽引し、ついには五世紀のテオトコス論争につながっていく。

元来は二世紀後半にエジプトで著され、後に加筆された文書と考えられる。五〇〇年頃の「デクレトゥム・ゲラッシアヌム」で拒絶されたことから、西方キリスト教世界ではその存在すら忘却されてしまった（それでも一三世紀のウォラギネの『黄金伝説』の一二五章「マリアの誕生」にはその間接的な影響が濃厚である）。これにたいして東方世界では読まれ続けたことが写本の多さから分かる。一五四〇年、五〇年にフランスのイエズス会士ギョーム・ポステルがオリエント旅行のおりに発見して持ち帰り、ラテン語訳を作成し、西方世界に広めた。タイトルは写本間で一様ではなく、『ヤコブ原福音書』とはこのポステルの付けたものとなる。「原」（プロト）とは、「最初」の福音書、あるいは福音書に「先立つ」ものというほどの意味。なお著者については二五章のエピローグに「ヤコブ」とあり、イエスの兄弟を意図したのであろうが、もちろん真相は不明であって、偽書の類となる。ユダヤの地理、習慣に不案内なところから、少なくとも著者はユダヤ人ではないと推定される。

現存する『ヤコブ原福音書』は二五の章に分けられている。一章から一〇章までがマリアの誕生と生育、一一章から二〇章までが懐妊の告知からイエスの降誕、そして東方の博士（二一、二二章）、ザカリアの殉教（二三、二四章）、そして著者ヤコブに関しては最後の二五章が取り上げる。一一章からはじまるイエスの降誕の物語は、共観福音書との整合性を意識しつつも独自の主張をもっている。とりわけイエスの誕生の場所が「洞窟」とされている点は興味深い（一八章）。「するとそこにほら穴をみつけて、彼女を中に連れてはいり、傍らに息子たちをつけておき、ベツレヘムの地にヘブル人の産婆を探しに出て行った。」（『聖書外典偽典6』一〇七頁）

洞窟での誕生については、別に一六〇年頃にユスティノスが『トリュフォンとの対話』（七八章五節）、また二五〇年頃にオリゲネスが『ケルソス駁論』（第一巻五一章）で言及しているので、そのような伝承があったのかもしれない。そして、イエスが誕生すると、その瞬間万物がそのまま静止したという（一九章）。現代の私たちが三六〇度のパノラマ映像で見たことのあるような情景であろう。さらに「光り輝く雲」が洞窟の周りを覆い、その覆いがとれるとヨセフにむかって光が現われ、そして赤ん坊のイエスが母マリアの乳を求めたという（同章）。

新しきマリア論

とはいえ、この福音書の中心はイエスの洞窟での降誕にあるのではない。むしろ最初の一〇章をふくめたマリアの物語にある。

まず正典には登場しないマリアの父ヨアキム、母アンナの話からはじまる（一、二章）。子のいないヨアキムとアンナにお告げが下り、マリアが誕生したという（五章）。なお後にマリアもダビデの一族に属することが確認される（一〇章）。そしてマリアが三歳になると両親は神殿にマリアを捧げた（七章）。ここまでの話は、「アンナ」という名を含めて、旧約のサムエルの誕生物語（サムエル記上1章）を敷衍する。以降マリアは神殿で「天使の手から食物を受け取り」過ごすことになる（八章）。一二歳になると大祭司はマリアを保護してくれる男性を探し、候補者のなかからヨセフを選び出す。ヨセフはすでに歳を重ねた子持ちの中年男性であって、自分は相応しくないと辞退するが、許されず、マリアを引き取る（九章）。ヨセフは夫としてではなく、保護者として彼女の純潔を守るよう命じられる。

ここからは降誕物語になるが、そこではさらに徹底してマリアの純潔を軸に物語が展開していく。引き取ってすぐヨセフは建築の仕事で旅行にでかけ、その間マリアへの受胎告知など懐妊が起こったという（だからヨセフはイエスの父ではない）。さらにイエスの出産においてなおマリアは純潔のままであり、助産師のおばあさんが、また「サロメ」もこれを確認し、この奇跡を前に神の栄光を称えたという。

一体このようなマリア論はどうして生じたのだろうか。アンティオケアのイグナティオスの書簡にも処女降誕への言及はある。しかしその強調するところはイエス・キリストの神性であって、マリアの純潔性ではない。たとえば「すなわち主は肉によればまことにダビデの裔、神の御意と大能による神の子、まことに処女より生まれ、ヨハネから洗礼をうけたが……」（スミルナ一章一節）とある。ここでは明らかにイエスのことを述べているのであって、マリアについてではない。これに対して『ヤコブ原福音書』では、マリアの純潔の方にアクセントが移動しているのである。

マリアの純潔の主張の一因として、一七〇年頃になされた哲学者ケルソスのキリスト教批判への応答が考えられる。哲学者のケルソスによれば、マリアはローマ軍兵士パンテーラとの不義のゆえにイエスを生んだという。ケルソスがどこからこの話を知ったのかは不明だが、架空のユダヤ人を登場させ「イエスの母は、彼女の婚約者の大工から姦淫の咎めを受けて放逐され、パンテーラという名の一人の兵士によって懐妊した」と記す（『ケルソス駁論』第一巻三二章、出村みや子訳）。なお一九世紀に「パンテーラ」という名の兵士の墓碑が発見され、年代等から同一人物の可能性が取り沙汰されたことがあった。とはいえ、そもそもケルソス自身が何者なのかも不明で、その『真のロゴス』という批判書にはこうしたゴシップ的な記事もあって、不貞の話をわたしたちがまともに取り上げる必要はない。しかし同時代であってみれば、これを打ち消す必要があったのかもしれない。

しかし、『ヤコブ原福音書』に見られるマリア論などは、むしろ宗教的想像力の働きと捉えてみたい。人間の想像力はさまざまに前をむいて働こうとする。そのため歴史性は乏しいとしても、イエスの母への敬意がマリアの純潔性の観念へと発展し、これが四世紀には「神の母」（テオトコス）の呼称を生み出し、五世紀には教理として確立する。別系統では、アダムとキリストの対比と同様に、エヴァとマリアの対比も生まれていく（ユスティノス『トリュフォンとの対話』一〇〇章等）。こうした想像力の働きは信仰を維持し促進していったのであろう。その後の歴史における夥しい聖母子像の存在がそれを物語っている。それゆえ積極的な意味においてこれは「民衆文学」だといえよう。もっとも、この発展を物理学の表面張力に例えてみれば、限界値がどこかにあって、それを超えれば崩壊してしまう、そういうところがこの種の発展にはあるとは思う。それでも、だからといってそのすべてを否定してしまうなら、今度は宗教的な想像力そのものが枯渇してしまう。難しいところだが、過度に歴史性に拘束されることなく、柔軟に考えていきたい。

（1） W. Schneemelcher, Neutestamentliche Apokryphen I, 5Aufl., Tuebingen, 1989, S.49.

9　『パウロとテクラの行伝』——女性がキリスト者になる意味

残念ながら、イエスの顔立ちは福音書に記されておらず、ウェロニカの布などは伝説の域を出ない。唯一のニアミスはパウロであって、第二コリント書に「肉に従ってキリストを知っていたとしても、今はもうそのように知ろうとはしません」（５章16節）とある。パウロはイエスの容姿を知っていたようである。

では、そのパウロの容姿はどうだったのか。

二世紀終わりごろの外典文書に「彼は未だパウロを肉においては知らず、ただ霊においてのみ知っていた」という行があるが、その「彼」とは「オネシポロス」という人物である。彼はイコニウムを訪問するパウロを出迎えようと待っていたのだが、見知ってはいなかったという。しかしそれらしき人物を見いだしたところで、パウロについて「小柄で頭がはげ、足がまがり、健康そうで、しかめ面をし、鼻が高く、しかし慈愛に満ちた」と記される。これは『パウロとテクラの行伝』に出てくるパウロの風貌であり（三節）、その史的根拠は不明だが、後代のパウロ像はほとんどがこれをもとにすることになる。面白いことにこのパウロ像はアンビバレントで、いささか印象の悪い部分と「慈愛に満ちた」など印象のよい部分とが併存しているところが特徴となっている。

『パウロとテクラの行伝』

身元のよく分からないものの多い外典文書のなかで、『パウロとテクラの行伝』については、その著者も年代もおおよそ判明している。テルトゥリアヌスが『洗礼論』のなかで次のように記しているからである。

「もしもパウロの名まえを偽って持っている書物を読んだ者が、婦人が教会で教えをなしたり、洗礼を授けたりする権利のあることを主張するためにテクラの例を引くならば、その人は、あたかも自分がパウロの威信に何かを付け加えることができるかのようにこの文書を書いた小アジアの教会の長老は、そのことのために有罪とせられ、また、それをただパウロに対する愛のゆえに著作したのだと告白したのちにその職を追放されたという事実を知らなければならない。」（一七章）

ここでテルトゥリアヌスが問題とするのは、「テクラ」という女性が教会で教え、また洗礼を授けたことであり、これらは『パウロとテクラの行伝』に記されている。なおこの女性が実在の人物であったかどうかは不明であり、また「テクラ」の場合は他人ではなく、自分に洗礼を授けたのではあるが。そして『パウロとテクラの行伝』は『パウロ行伝』に含まれており、この「長老」が『パウロ行伝』全体を書いたのか、それとも『パウロとテクラの行伝』を書いただけなのかはよく分からない。テルトゥリアヌスがこれを報告しているのが二〇〇年頃と推定されるので、執筆時期は一八〇、一九〇年あたりであろう。なお『パウロ行伝』という文書に最初に触れているものは、オリゲネスの『原理論』第一巻二章三節である。キリストについて「『パウロ行伝』に書かれている『彼はロゴスであり、生けるものである』という言葉は当を得ている」とある。

『パウロ行伝』は今日その全体は伝わらず、いくらかの欠損が見られる。内容はダマスコでの回心以降のパウロの活動を順番に書いたものと推定される。残存するのは『パウロとテクラの行伝』（主にイコニウムでの出来事）、『第三コリント書』（パウロとコリント人との往復書簡）、そして『パウロの殉教』（ローマでの最期）の三つである。おそらく全体は、ダマスコにはじまり、アンティオケア、イコニウム、ミュラ、シドン、ティレ、エフェソ、フィリピ、コリント、そしてイタリア、ローマでの殉教、という宣教するパウロの巡行記であったのだろう。原文はギリシア語であろうが、多くの写本・パピルスがあるものの断片的で、またコプト語写本・パピルスなども発見されている。

「テクラ」とは誰か？

実は『パウロとテクラの行伝』においてパウロはあまり重要な役柄では登場しない。パウロは脇に下がり、代わって中心となるのが「テクラ」というイコニウムの若い女性である。この点を踏まえて、筋を追ってみよう。全体は、まずイコニウムを中心に展開し（一節から二二節）、ダフネ途上の墓所での再会（二三節から二五節）、そしてアンティオケアでの出来事（二六節から三九節）、ミュラでの再会（四〇節から四一節）、そしてイコニウムへの帰還（四二節から四三節）となっている。再会というのは、その都度テクラがパウロの後を追い、再会するからで、つまりパウロは幾度もテクラから離れていくのである。

物語はパウロがイコニウムを訪問するところからはじまる。先述のオネシポロスという信徒がパウロを出迎え、その家の教会においてパウロが説教する。パウロの説教は「……する者は幸いである」という幸いの告知であるが、とくに「聖潔」、非婚を主題としたという。それをテクラという若い女性が自宅の窓辺に座って聴き、パウロの説教に魅了され、三日三晩その場所を離れず、夢中になったという。テクラは裕福な家の娘で、タムリスという婚約者がいるが、タムリスは「町の第一人者」（一一節）であり、年配の男性だったと思われる。母テオクレイアは心配し、タムリスにテクラを説得するよう依頼する。心配したタムリスは説得に努めるが空しく、困ったタムリスはパウロの所から来た「デマス」（第二テモテ4章10節）と「ヘルモゲネス」（第二テモテ1章15節）より助言を受けてキリスト者としてパウロを告発する。パウロは捕縛されるが、その夜テクラは牢屋にパウロを訪問し、その説教の続きを聴く。しかしそれを見つかり、裁判の結果、パウロは追放、テクラは火刑を告げられる。しかし薪に火をつけると雨や雹が降り注ぎ、火を消し、テクラは救われたという（以上が二一節まで）。

テクラがパウロを慕って後を追うと、ダフネ途上の墓所に逗留していたパウロたちと再会し、喜び合う（二三節から二五節）。

その後オネシポロスをイコニウムへと返し、パウロとテクラは一旦アンティオケアに退く。このの「アンティオケア」は、イコニウム付近であるならピシディアのアンティオケアの可能性もあるが、パウロの伝道拠点という意味でシリアのアンティオケアと考えたい。

しかしこのアンティオケアでテクラは、シリア人のアレクサンドロスという町の有力者に一目ぼれされてしまう。彼はパウロに近づくが、パウロは、テクラは自分の妻ではない、知らないと述べて立ち去る。そこでアレクサンドロスは白昼堂々と力ずくで彼女に言い寄るが退けられ、そのとき頭の冠を落としてしまう。恥をかかされ激高したアレクサンドロスは、愛憎入り混じり総督に訴え出ると、裁判となりテクラは野獣刑を言い渡される。傍聴していた女性たちが「不正な判決だ、邪悪な判決だ」と騒ぎ出し、せめて処刑の日までは彼女の純潔が守られるよう訴え、認められる。その結果テクラは皇女トゥリュファイナ（一応その実在は確認される）の家に軟禁されることとなる（二七節まで）。

処刑の日、テクラを亡くなった自分の娘と同一視し慈しみをもった皇女トゥリュファイナは嘆き悲しみつつ、刑場まで付き添う。刑場ではライオンや熊が放たれるが、一頭のライオンがテクラを守った。祈りつつテクラは刑場の堀のなかに身を投げ、自らに洗礼を授ける。総督は堀のアザラシが彼女を食べてしまうのではと恐れるが、稲妻が走り、電撃のためアザラシは死ぬ。アレクサンドロスは二頭の雄牛をもって引き裂こうとするが、テクラを縛っていた綱が切れる。他方で皇女トゥリュファイナはテクラが死んでしまったものと思い込み、刑場付近で気絶したという。するとこれを皇女の死と勘違いした人びとは皇帝の報復を恐れるあまり、テクラを釈放した。すると皇女トゥリュファイナは意識をとり戻し、テクラとの再会を喜び、その信仰に感心し、自らも入信したという（三九節まで）。

テクラは、しかしパウロと再会することを望み、ミュラに行く。そこでパウロに受洗の報告をし、また皇女トゥリュファイナの入信のことも報告する。ここに至りテクラは、故郷イコニウムに帰還することをパウロに告げ、パウロは「行きなさい。そして神の言をそこで宣べ伝えなさい」と言って送り出した。テクラは皇女トゥリュファイナからもらった衣服と金銀をパウロに託して旅立った。

イコニウムに帰還するとオネシポロスの家に立ち寄り、啓示を受けた場所を訪ね、そして母テオクレイアを訪ねる。そのときタムリスは既に亡くなっていた。その後セレウケイアに行き、宣教に従事してその地で亡くなったという。

女性がキリスト者になる意味

ロドニー・スタークの『キリスト教とローマ帝国』（第五章）によれば、古代キリスト教においては女性が大きな役割を果たしたという。少なくとも相当数の女性がいたことは確かであって、たとえば男性限定のミトラ教とはこの点大きく異なっていた。いずれであれ女性のキリスト者がかなりの数存在したことは、さまざまな殉教録を見ると明らかである。リヨンのブランディナ、カルタゴのペルペトゥアなど多数の女性が確認できるのであって、それも中心的な役割を担っている。『パウロとテクラの行伝』は、テクラという女性を主人公とした建徳的な読み物であってとても面白い。ところどころ恋愛小説風の行もある。当時の女性キリスト者の姿を描こうとしたものであろう。

それにしても「テクラ」にとって、キリスト教とは何であったのか。

パウロの教えについてさまざまなことが記されていたが、テクラが聴き入ったのは神の偉大さについてであり、また「聖潔」の教えであった。またタムリスは、パウロを総督に告発するとき、パウロがすべての若い女性に結婚しないように教えていると述べている（一六節）。つまり非婚の教えであり、それは唯一なる神を礼拝し、神にふさわしい生活を送ることの結果であった。キリスト教の神は当時の皇帝礼拝を肯定できなかったのであり、その神を礼拝することは社会からの逸脱・超越を意味したであろう。では「結婚」はこの時代のイコニウムの女性にとってどのようなものであったのだろうか。タムリスという町一番の資産家、名士との結婚が彼女自身の自由な意思によるものでなかったことは想像できる。総督はテクラに「イコニウムの法に従って」結婚することを求め（二〇節）、破談になると、激高した母テオクレイアは自分の娘テクラの火刑を求めていた（二〇節）。婚姻は個人の自由な決断と責任においてなされるものではなかったのであり、テクラもはじめはその社会的必然を受け入れようと気持ちを固めていたのであろう。しかし神を説き、非婚の生活を説くパウロの言葉に魅了され、三日三晩考え抜いた彼女は、今度は自らの意思でパウロの説いた生活を選び取ろうとした。「キリスト者」というものがまだまだ社会的スティグマであった時代に、むしろだからこそ女性たちに新しい生の可能性、未来を与えることができたのではないだろうか。

さてその後、テクラ伝承は人気を得て、永く影響力をもつことになる。五世紀のはじめヨハネス・クリュソストモスが『聖テクラ頌』を著し、同じころ『エゲリア巡礼記』ではスペインのエゲリアという若い女性が各地を巡礼するが、テクラの聖地セレウケイアを訪れた時には特別に狂喜している。さらに、四世紀のニュッサのグレゴリオスの姉マクリナの別名は、「テクラ」であったという。マクリナはカッパドキアの女性の修道的生活を指導した人物であり、弟のグレゴリオスはもちろん、カイサリレアの大バシレイオスですら一目置く大姉であって、グレゴリオスは彼女を「師」と呼び、その死後『マクリナの生涯』を執筆している。その冒頭で誇らしく報告されるのが、マクリナの別名が「テクラ」と呼ばれていたことであった。古代キリスト教世界において、この「テクラ」の行伝は女性たちを勇気づけ、新しい生に導いた物語であったのだろう。

10 『ペルペトゥアとフェリキタスの殉教』——彼女はなぜ殉教を選んだのか

二〇三年の三月七日のこと、北アフリカのカルタゴ付近、とある闘技場においてひとりの女性が殉教を遂げた。彼女の名はウィビア・ペルペトゥア。年齢は二二歳、彼女には乳飲み子がいたという。家族は父と母、そして弟が二人おり、また夫もいたとあるが、夫についてはそれ以上何も記されていない。元老院議員の家系の可能性も含めて、彼女はなかなかの名家の出身で、教養も高くギリシア語で会話もでき、土地の言葉のポエニ語はもちろん、ラテン語も使いこなしていた。

二〇三年のキリスト教迫害といえば、セプティミウス・セウェルス帝が行ったもので、新しくキリスト教に入信することを禁じ、洗礼志願者や受洗したばかりの者、ならびにその教師を集中して迫害したという。そのため同じ頃エジプトのアレクサンドリアでは、若きオリゲネスの父レオニデスが殉教し、またクレメンスがカッパドキアに逃亡したのもこの時であったという。なお、エウセビオスはとかくカルタゴのことには疎く、その『教会史』にペルペトゥアの名は見られない。ペルペトゥアについては、著者不詳の『ペルペトゥアの殉教』（正確には『ペルペトゥアとフェリキタスの殉教』）が残されており、これが主たる資料となる。邦訳は土岐正策訳がキリスト教教父著作集のひとつ『殉教者伝』（教文館）に収められており、また研究書としては先年ソールズベリの『ペルペトゥアの殉教』が日本語になっている。

なお彼女は獄中において見た夢を自ら書き記すなど、この時代の女性キリスト者の言葉がほぼそのまま伝わっている（二章三節、一四章一節）。それにしても、なぜペルペトゥアは殉教を選んだのだろうか。殉教というテーマについても考えてみたい。

『ペルペトゥアの殉教』

著者不詳の『ペルペトゥアの殉教』は、少なくともその半分ほどがペルペトゥア自身の言葉から成り立っている。著者は、同じ頃に『殉教者へ』を書いたテルトゥリアヌスの可能性が高い。なおペルペトゥアのような囚人が物を書くことができたことに疑義もあるが、しかし袖の下を渡すことで一定の自由は得られたのであって、一七七年にルグドゥヌムの殉教者が牢獄で書簡を書いた例が報告されている（エウセビオス『教会史』第五巻三章四節）。

さてペルペトゥアを含めて捕縛された者は六名で、ペルペトゥア、年配のサトゥルス（洗礼志願者の教師）、若者サトゥルニヌス、若者セクンドゥルス（獄中死）、レウォカトゥス（男性奴隷）、そしてフェリキタス（女性奴隷）となる。フェリキタスは妊娠しており、無事に獄中で出産している。またペルペトゥアは心配の種となった乳飲み子を抱えての獄中生活を過ごすが、まもなく乳離れしたため彼女の父親に引き取られている。

全体は二一章に分けられ、次のような内容となる。

一章　　　　　　　序　言
二章　　　　　　　逮捕の状況
三章から一〇章　　ペルペトゥア自身の手による彼女の獄中生活と夢
一一章から一三章　サトゥルスの手による彼の夢
一四章　　　　　　セクンドゥルスの死
一五章　　　　　　フェリキタスの出産
一六章から二一章一〇節　著者による殉教の次第
同章一一節　　　　むすび

さて序言では著者が導入の言葉を記すが、預言や幻、とくに過去だけでなく現在における聖霊の働きを強調する。モンタヌス主義との関わりが指摘されるところであるが、現在における聖霊との交わり、また殉教者との交わりが必要で、この書を著すという。二章は逮捕の状況であって、若い洗礼志願者の捕縛が告げられ、ペルペトゥアの人物像が記される。

三章から一〇章まではペルペトゥアが一人称で語り、父親による説得の話、とくに自身が見た三つの夢が語られる。弟に促された彼女が「主と親しく語っていることを自覚して」いるため、これからのことを夢において啓示されるよう願い見たものだという。

第一の夢（四章）は、ペルペトゥアが殉教死することを啓示するものであった。「青銅でできたとても大きな梯子が天にまで達しているのを見ました」と述べ、その梯子が狭く、また両側に「刀、槍、鉤、短剣、投槍」があって、また梯子の下には龍がいて登ろうとする者を威嚇していた。まずサトゥルスが先に登り、彼女もつづいて登る。すると広い庭園に到り、そこに白髪の老人がいて、彼女を「よくやって来ました」とほめてくれた。老人は羊の乳でつくったチーズを一口彼女に与えてくれると、老人のまわりに侍っていた人びとが「アーメン」と言った。この夢から彼女は自分が殉教死することを自覚したという。

第二の夢（七章と八章）は、顔にできた腫瘍のため七歳で亡くなった弟ディノクラテスが、いま冥府で苦しんでいる姿であった。この夢は、彼がいま苦しんでいることを彼女に悟らせるものであったが、それだけでなく彼女は「私は、ディノクラテスの苦しみに手を差しのべることができると確信しました」という。そこで彼女は昼夜を問わず祈り、その結果、ディノクラテスが苦しみから解放されたことを知らされたという。

第三の夢（一〇章）は闘技場での野獣との戦いについて。しかし実は相手は野獣ではなく「エジプト人」であった。おそらくこの「エジプト人」はこの世の情欲の象徴であり、また後に真の敵は悪魔であることが判明する。戦いにさいして衣服をはぎ取られると、彼女は「私は男になりました」と述べる。こうしてペルペトゥアとエジプト人の拳を交える戦いがはじまり、彼女はエジプト人を打ちのめした。ペルペトゥアの言葉は、これらの夢の他には審問の様子と「野獣へ」（アド・ベスティアス）という判決、また四度あった父親の説得の次第についてであるが、これは後に見たい。サトゥルスの書いた自身の夢が続き、フェリキタスの出産の記事が続く。フェリキタスは女の子を産み、彼女の姉妹が引き取ったという。

一六章以下が殉教の次第となる。捕縛後、厳しい監視の下に置かれそうになると彼女は抗弁し、自分たちが副帝ゲタの誕生日を祝う捧げ物である以上、もっと「人間らしく」扱うように要求した。驚いた副官はその通りに待遇を改善した。野獣刑は残酷な刑罰ではあるが、単なる処刑の方法に止まらず、それ以上の意味、彼女たちの場合は祝祭の催しという意味があった。なぜならそもそも「闘技場は文明が、野獣に体現される自然と闘う場所だった。野獣は人類にとって危険を象徴していたのだ。そしてまた、社会正義が犯罪者に体現される悪行と対決する場でもあり、犯罪者はそこで処刑された」（ソールズベリ『ペルペトゥアの殉教』一八八頁）。つまりコロッセウムでの見世物には文明世界の安定と社会秩序の保持といった意味があり、さらにカルタゴでは祝祭を含めて人身供儀を代替する、宗教的儀礼の意味も含まれていたのである。そして処刑の前日に食事が振る舞われ、見物人が眺めるなか彼女たちは供された食事を「愛餐」として味わった。

一八章からは闘技場での処刑の様子が描かれる。入場門のところでペルペトゥアたちはサトゥルス神やケレス神のかぶりものを付けるように命じられるが、必死で抵抗し、「自分の自由」が奪われないためにこのような目にあっているのだからと、断固拒否したという。まずサトゥルニヌスとレウォカトゥスが豹に襲われ、さらに熊に倒された。年長のサトゥルスは熊を嫌っていたが、それは、豹は一噛みで急所を狙ってくれるが、熊はなぶり殺しにするからだという。しかしはじめに出された猪は連れてきた闘獣士を突き上げて重傷を負わせてしまい、また熊は檻から出ようとせず、サトゥルスは一旦呼び戻されたという。全体がその場で見た者の記述となっていて、かなり生々しく、リアルである。ペルペトゥアとフェリキタスに対しては牝牛が用意され、共に打ち倒されたが起き上がることで、呼び戻された。最後、サトゥルスは豹の一噛みで深手を負い、これを著者は「第二のバプテスマ」と呼ぶ。その後剣闘士によってとどめを刺された。ペルペトゥアもとどめを刺されるのだが、「未熟な剣闘士」であったため手許が狂い、彼女は苦しみもだえるながら、おろおろする剣闘士の剣を自分の喉にもってくることで、無事にとどめを刺されたという。彼女は「自らの意志によって」亡くなったのだと記されている。そこにはいざという時に女性がいのちを賭して事にあたるというカルタゴの歴史、伝統（女王ディドの自害）も見てとれる。

ペルペトゥアはなぜ殉教を選んだのか

この殉教録の特徴は、ペルペトゥアが「私」と一人称で語る言葉が綴られているところである。たしかにヘレニズム文学には女性を主人公とするものが複数確認される。とはいえこのような「私」の自覚は、「キリスト者である」という信仰告白において顕著となる。「キリスト者」という名が処罰の理由となるのは、トラヤヌス帝がプリニウスに与えた勅答に明記されているが、これは皇帝が定めたというよりも、世間での慣例・慣習を確認したものであろう。そのため殉教録にはしばしば「あなたはキリスト者であるのか」という問いかけと、「私はキリスト者である」との答えが記載されている。『ペルペトゥアの殉教』では六章に代官ヒラリアヌスとのやりとりが記されており、彼女は「私は、キリスト教徒です、と答えました」と記している。これは名の問題であり、またアイデンティティの問題であった。

ペルペトゥアの父親は、自ら鞭打たれることも厭わず繰り返し説得を試みた。年老いた自分を憐れんでほしい、残された子どもはどうするのか、親戚の手前、さらに世間体を憂慮し自分たち家族は誰とも自由に話ができなくなる等々、私たちもリアルに心配することが記されている。最後の説得は、父親想いのペルペトゥアの心をとくに動かすものであったという（九章二節）。にもかかわらず、彼女はキリスト者であることに止まった。

最初に父親が翻意を求めたとき、ペルペトゥアは「壺」や「水差し」を指して別の名で呼ぶことができるかと問い、父親ができないと答えると、自分も「あるがままの私、つまりキリスト者以外のものと呼ばれることはできない」と断っている（三章二節）。この小賢しい返答に父親はカッとなって胸ぐらをつかんだと記されている。しかしこれが、その場限りのただの小賢しい返答ではなく、真に彼女のアイデンティティとなっていたことはその後の彼女を見れば納得できる。

ソールズベリも含めて従来、彼女の選択は、古い社会体制、伝統や慣習にまみれた社会、家族制度からの解放・自由と捉えられてきた。キリスト教が新しい生きる場所を彼女たちに提供できたのであった。アイデンティティは社会における自分の居場所の問題であって、ふさわしいと納得できる場所にいることで形成される。ペルペトゥアにとって「キリスト教」とはそのような場所だったのではないか。それは、まず天上全体を占めているのであり、そこには父なる神、またキリスト、聖霊、使徒たち、また眠りについた先人たち、加えて弟ディノクラテスもいる。さらにこの地上においては、同信の者たちが教会にいて聖霊の導きのもと絆を深めている。となると、空間というものが天と地から出来ているなら、その天の全部とさらに地上の一部が自分たちの場所となる。つまり、実は全空間の半分以上がキリスト者たちの場所になっている、そのように考えられ、イメージされていたのではないか。この人びとが堂々として決して卑屈になることがなかったのは、自分たちこそマジョリティであるとの自負、自覚があったからではないか。それゆえ殉教とは死ぬことではなく、この大きな場所に自分が居ること、そこに居つづけることの証明なのである。もちろんその場所に、家族も一人ひとり来ることは可能ではあろう。相容れないのは古いローマやカルタゴの伝統や社会であり、その一切を担うのが偶像礼拝とそのシステムであった。ゆえに殉教者たちはこれを受け入れることができず、徹底して信仰告白に拘ったのだと思われる。

11　エイレナイオス（1）――最初の教義学者

今日フランスの第二の都市リヨンは、ガリア遠征や内乱期にカエサルに仕えていた総督ルキウス・ムナティウス・プランクスによって紀元前四三年に築かれ、古代ローマ時代には「ルグドゥヌム」と呼ばれた。後にガリア地方の主要都市となり、大いに栄えたという。このルグドゥヌムに、いつ頃からキリスト教が入って行ったのかは分からないが、一七七年にキリスト者を対象とした大規模な迫害が生じたことをエウセビオスは伝えているので（『教会史』第五巻序から三節）、それ以前、二世紀のはじめごろと推定される。この時期この辺りではもう一つヴィエンヌにも教会が認められるが、他はローマまで教会は確認されない。ルグドゥヌムもヴィエンヌもローヌ河に面しており、交通の要所であった。ストラボンはルグドゥヌムについて「商業地」であり、また「金・銀貨の製造地」と記している（『地理誌』第四巻三章二節）。

ルグドゥヌムの最初の監督は不明だが、迫害の時に「ポティヌス」が監督であったことは、先のエウセビオスの記事に出てくる。そして殉教したポティヌスを継いだのがエイレナイオスという人物であった。エイレナイオスは小アジア、おそらくはスミルナの出身と思われる。スミルナ出身の彼がなぜルグドゥヌムに来たのかは分からない。交易を通した移住者だったのであろうか。

また著作の随所に現われる神学的教養をどこで身につけたのかも不明であって、謎多き人物の一人と言える。もっとも、謎のない教父など一人もいないのだが。エイレナイオスの名は、一七七年のルグドゥヌムの迫害事件の前後、異端のグノーシスを批判的に検討した『異端反駁』、そして一九〇年頃の復活祭論争の三つの相で歴史に登場する。彼の著作の邦訳は『異端反駁』が小林稔とその志を継いだ大貫隆によって公刊されている。また『使徒たちの使信の説明』が小林稔・小林玲子訳で公刊されている。ここではこれらを参照する。

幼年期・監督・復活祭論争

エウセビオスによると、エイレナイオスは「若いときにポリュカルポスの話を聴いたことがある」と言い（『教会史』第五巻五節）、ここから出身地は小アジアのスミルナと推定される。さらにエウセビオスはエイレナイオスの書簡を抜粋している。それはウァレンティノス派の「謬見」に引き込まれたフロリヌスに宛てたもので、フロリヌスは、同じ異端派に陥ったブラストスとともにローマ教会の長老職にあり（第五巻一五節）、エイレナイオスと同郷の士であった。

エイレナイオスはいう。「わたしは自分がまだ子どもだったときに、下アジアのポリュカルポスのところにいたあなたにお会いしました。そのときあなたは豪華な館で立派に振舞って彼の尊敬を得ようと努めておられました」。さらに「祝福されたポリュカルポスが坐って説教した場所や、彼がどのように出入りしたか、彼の暮らしぶり、その容貌、彼が人びとにした説教、ヨハネや、主を見たその他の人たちとの交わりを彼がどのように伝えたか、彼がその人たちから聴いた主に関することはどんなことか、主の奇跡について、教えについて、そしてポリュカルポスがどのようにして生命の御言の証人から受け継ぎ、聖なる文書に違うことなく伝えたか、等々です」という（第五巻二〇節）。なおポリュカルポスについては、『異端反駁』第三巻三章四節でも言及されている。ヨハネからポリュカルポスへ、そして自分自身へという伝統、使徒継承の意識が彼の中心にあったことが分かる。つまり使徒から数えて第三世代としての自覚である。なおルグドゥヌムでの信仰の思い出は記されておらず、大人になってからルグドゥヌムに移住したものと思われる。ポリュカルポスの殉教が一五五年頃であり、一五〇年頃にエイレナイオスが一五歳と仮定するなら、生年は一三五年となる。事典などが彼の生年を一三〇年頃、一四〇年頃というのは適当であろう。

一七七年にルグドゥヌムでキリスト教迫害が勃発する前に、エイレナイオスは書簡を携え長老としてローマに派遣されており、モンタヌス主義についてローマの監督エレウテロスと協議していた。ルグドゥヌムの教会には小アジア出身者が大勢いて、当初モンタヌス主義に理解を示していたという。

ローマから帰還してみると監督ポティヌスが迫害のため殉教を遂げており、エイレナイオスは後継者として監督に選任される。一七七年、あるいは一七八年には彼はルグドゥヌムの監督となった。

二世紀後半のキリスト教界の問題と言えば、復活祭論争である。この時期の教父の著作に「復活祭」といった表題が多いのもそのためである。これについてはエウセビオスが詳細に報告してくれている（『教会史』第五巻二三章から二四章）。

当時アジアの教会では、古い言い伝えに従って、復活祭をニサンの月の一四日に守るべきとしていた。その日にユダヤ人は子羊を屠るように定められており、復活祭前の断食が終わる日となっていた。ところが他の地域の教会は、復活祭を主の復活の曜日、すなわち日曜日に祝うべきとしていた。一九〇年になると問題が表面化し、曜日を問わず一四日に復活祭を祝うのか、それとも日曜日に祝うのかを巡って各地で教会会議が開催されたという。そこでパレスチナ、ローマ、またエイレナイオスのガリアの教会もこぞって日曜日に復活祭を祝うべきだとした。ところが六五歳を数えるアジアの老ポリュクラテスはこれに反対し、曜日を問わずに一四日に祝うことを主張した。ローマのウィクトル宛の書簡のなかでポリュクラテスは、使徒のフィリポ、ヨハネ、ポリュカルポス、メリトといった信仰の「巨星」（メガラ・ストイケイア）がこの地域に眠っており、伝統を変えるなら、終末に復活したおりにこの人びとに合わせる顔がないと書き送った。ローマの監督になって間もないウィクトルは激怒し、ポリュクラテスをはじめとするアジアの教会に絶交を告げたが、このときにエイレナイオスが調停に乗り出した。ローマに近い彼は、またアジア出身でもあり、調停にふさわしい人物であったといえよう。彼は一つの故事を引く。その昔ポリュカルポスがローマにアニケトゥスを訪問したおり（一五四年頃）、復活祭の日付について協議したことがあった、しかしそのおりにはそれぞれが互いの伝統を守り尊重することで教会間の争いを回避したという。そしてエイレナイオスは、互いに尊重し合うことで「見解の相違は信仰の一致をもたらす」と書簡を通してウィクトルを諭し、教会間の分裂を回避させたという。

エイレナイオスについて殉教者とする伝承があるが、エウセビオスもヒエロニムスもこれに言及しておらず不明。没年について手がかりはないのだが、事典類に見られる二〇〇年頃というのは状況を考慮するなら無理のない推定であろう。

著作

ポリュカルポスから福音を学んだとは言え、著作に見られるその整然とした教理理解をエイレナイオスがどこで、どのように得たのかは不明に留まる。しかし一つ指摘できるのは、ローマのユスティノスの著作に親しんでおり、ユスティノスから学んだ可能性である。実はエイレナイオスは彼の作品について二度ほど言及している。一つは『異端反駁』第四巻六章二節で、ユスティノスの『マルキオン駁論』の一節を名を挙げて抜粋し、もう一つは同書第五巻二六章二節で同じく名を挙げて引用するが、こちらはどこからの抜粋かは不明にとどまる（これらはともにエウセビオス『教会史』第四巻一八章九節に抜書きがある）。いずれにしてもこのように名を挙げるのは古代ではよほどのことで、エイレナイオスがユスティノスから多くを学んだことを示唆している。またアダムとエヴァに関してアンティオケアのテオフィロスとの関係も指摘されている。

さてエイレナイオスの著作についてはエウセビオスが挙げている（『教会史』第五巻二六章、また二〇章も）。それによると、『異端反駁』、ギリシア人を反駁する『知識について』、『使徒たちの使信の説明』、そしていくらかの「説教」が挙げられている。また書簡「分裂について」は分離主義者ブラストスに宛て、そして書簡「至上権について」と「オグドアスについて」は同じ分離主義者フロリヌス宛のものとなる。これらのなかで現存するのは、主著と目される『異端反駁』五巻、そして『使徒たちの使信の説明』の二書に限られる。『異端反駁』のギリシア語原文は伝わらず、全体はラテン語訳で残存し、原文は断片的にのみ伝わる。『異端反駁』というのはラテン語訳のタイトルであり、原題は『偽称グノーシスの正体暴露とその反駁』となる。また『使徒たちの使信の説明』については長らく書名のみが伝わり、その内容は不明であったものの、一九〇四年にアルメニアの首都エレバンの修道院でアルメニア語訳が発見された。これを教会史家アドルフ・フォン・ハルナックが整理して、全体を一〇〇節に分け、一九〇七年にテクストを公刊したのであった。

『使徒たちの使信の説明』

ある研究者によると、エイレナイオスこそ最初の教義学者であるという（本書一一七頁参照）。たしかに彼のキリスト教理解は驚くほど整理されている。それはグノーシス派を反駁した『異端反駁』に詳しいが、『使徒たちの使信の説明』では異端派に言及することなく説かれている。なおこれは「マルキアヌス」に宛てられた信仰教育の書であるが、(1) この人物については不明。

英訳者のヨゼフ・スミスの分類を参考に全体を区分するなら、一章から一六章が序を含めて神、三位一体、天使、自由なる人間の創造とその堕落、一七章から四二章前半が楽園追放からはじまる救済史、そして四二章後半から八五章までキリストの出来事の一つひとつが旧約において預言されていたこと、そして八六章から九七章まで新しい律法におけるキリスト（ここに神愛と隣人愛も説かれる)、九八章から一〇〇章が結論、以上となる。キリストの出来事は旧約に対応し、預言されていたという論証が、かなりの部分を占める。また父なる神、御子キリスト、聖霊といった三一論もしっかりしていて、この部分は洗礼とつながっている(六章、七章)。

キリストと旧約との対応を含め、ここでのエイレナイオス神学の基本にあるのは、唯一なる神がこの世界を創造し、またこの神がわれわれ人間を救いにもたらすということである。二神を想定するグノーシス派に対して、彼はこの点を強調する。世界を創った神が人間に救済をもたらす、創造神と救済神との同一性が基本にある。なぜなら神は「真に存在する」のであって(出エ3章14節)、「本質において存在する者、すなわち神」を礼拝しない者は「神なき人びと」である(二章)。ここでエイレナイオスが論じているのはキリスト者の世界観、現実認識であって、それは過去も未来も、天も地も一切が存在そのものである神の下で統合されていて、何も分け隔てをするものはないという。キリスト者は一意専心、天に向かった「上り道」を駆け上がればよいのであって、そのため「天からの光が照らしている」(一章)。殉教者の現実認識も同様だが、理不尽な地上の世を相対化する超越的で包括的な視野をこの人びとはもっている。カインとアベルの物語はこの世が理不尽であることのしるしと捉えられており(一七章)、理不尽なこの世界を超えて、天上を含め見つつ、すべての歴史を包含するリアリティに自分たちは与している、この自覚がグノーシス的二元論を克服したと言える。

さらに創造神と救済神の同一から、仲保者としてのキリスト論も導かれる。キリストは父なる神に対して神の子であり、また人間の救済の観点からは人の子であって、人とともに歩む(五三章）。「キリスト」の名は「油注がれたもの」であるが、万物が神によって創造され、いわば油を注がれて整えられたことに因んでおり、「救い主」の名は人びとを罪、病、死から解放することに因んでいる（五三章）。さらにここから救済におけるアダムとキリストの対応（三一章）、エヴァとマリアの対応（三三章）も導出される。ここにエイレナイオスの「再統合」の神学が結実することになるのである。

（1）J.P. Smith, S.J. (tr.), St. Irenaeus Proof of the Apostolic Preaching, ACW16, The Newman Press, 1952, p.15-19.

12　エイレナイオス（2）——異端反駁と再統合

古代キリスト教史を学んでいると、一世紀はキリスト教の揺籃期で、二世紀は幼少期という印象をもつ。五、六歳から一〇歳未満の子供時代というイメージとなる。やたらと元気で、はしゃいで、声が大きく、言い争いも活発に行う。あくまでもイメージなのだが、実際多数の異端派が雨後のタケノコのように出てきて喧々諤々。そうしたなか、さまざまな異端と闘い、信仰を守ろうとした教父がおり、なかでもエイレナイオスはその代表者に数えられる。その主著『異端反駁』ではグノーシス主義への批判が展開されているが、ここで興味深いのは「グノーシス」、つまり認識が問題とされている点にある。

ところで仏教には、八万四千の法門と言われるように多くの経典がある。仏教の諸宗派の違いの一つは所依の経典にあり、たとえば浄土宗と浄土真宗であれば浄土三部経を基とし、天台宗は法華経、あるいは真言宗の空海は唐の高僧恵果（けいか）に学ぶが、恵果は両界曼荼羅などの教えにおいて大日経と金剛頂経を合わせていた。ここから阿弥陀仏、大日如来、法身（ほっしん）としての釈迦仏などの相違も導かれるという。そこでこれらの仏教諸宗派の相違のおもな原因の一つは経典を基にすると言える。また経典がいずれも方便であるとすれば、大体において各宗派いずれが正統、異端という区別も立てられないことになる。

古代キリスト教に話を戻すと、たとえばマルキオンがパウロ書簡とルカ文書を尊重した事例があろう。あるいは「十四日派」と呼ばれる異端派は、復活祭の祝聖日を日曜日とせず、ニサンの月の十四日に祝うものであったが、これなどは儀式・儀礼、信仰者としての生活の仕方の違いを原因としたものとなる。しかしこうした正典の相違、儀式・儀礼方法の相違によって異端派が形成されるよりも、むしろ古代の場合、マルキオンを含めて、認識の相違が主となっている。こうしてエイレナイオスは「認識」を異端派の目印としたわけである。つまり神とは何者か、キリストとは誰なのか、私たちの住む世界は何であるのかといった「認識」における相違こそが、異端派を特徴づけているという。異端派を論ずるにあたってグノーシスを問題にしたエイレナイオスには、おそらく異端派の全体が「認識」の相違として捉えられていた。ここですでに神論やキリスト論といった神学が問題となっていることが確認される。

キリスト教が誕生し発展していくなか、二世紀という時代には、キリストや神についてさまざまな解釈が出てくる。こうした喧噪をともなったにぎやかな時代、しかしそこから「使徒たちは何を教えたのか」、「使徒たちはそんなことは教えていない」といった基準が自覚され、異端派に対して正統というものが形成されていく。そこでは使徒たちの教えとのつながりが決定的と見なされる。エイレナイオスの『異端反駁』はこれを代表するものであると言える。

『異端反駁』

およそ一八〇年頃にギリシア語で著された『異端反駁』は、原題が『偽称グノーシスの正体暴露とその反駁』であって、そもそもその「認識」(グノーシス)が誤っていると、エイレナイオスはいう。なおギリシア語原文は大半が散逸し、全体はラテン語訳で残っている。他にアルメニア語訳、シリア語訳の断片が残存する。

全体は五巻から成るが、第一巻ではプトレマイオスの異端説からはじまり、ヴァレンティノス派、マルコス、メナンドロス、バシリデス、マルキオンなど異端派の教説が扱われる。第二巻は引きつづきヴァレンティノス派について、とくに「数」についての思弁が論じられている。第三巻においてエイレナイオスは正統派の教えを説くわけで、そのポイントは万物の創造者である神が唯一の神であって、これを教会では教えているという。第二はキリスト論であり、受肉の真実とアダムとの関連で再統合が詳論される。第四巻は、ダメ押しの印象があるが、新旧両契約の一致がイエスの言葉から論じられる。預言としての旧約、またイエスの譬え話における一致が扱われる。第五巻ではパウロが取り上げられ、またイエスの起こした奇跡と十字架、悪魔の誘惑、さらに肉体の復活、創造神と父神との一致が議論されている。

つまり最初の二巻でグノーシス諸派の教説が取り上げられ、第三巻でエイレナイオスが信奉する正統的教説が論じられる。そして第四巻と第五巻ではイエスとパウロを取り上げてさまざまな正統的信仰理解を確固たるものとするのである。

なお、この時代になると四福音書が正典と見なされていたことが確認される。たとえば第三巻九章以降、イエスは創造神を父神としていたことがマタイ福音書、ルカ福音書、そしてマルコ福音書、ヨハネ福音書から論じられている。そして一一章八節で「福音書はその数に関して言えば、これより多い数でもありえないし、また逆により少ない数でもありえない」（小林稔訳、以下同様）と述べる。さらにエイレナイオスは「四」という数字についての思弁を展開するが、この世界が四つの方向から成っており、あらゆる方向から救いの教えがもたらされるという。さらにエゼキエル書1章4節から14節あたりをもとにケルビムには四つの顔があると記し、四福音書をそれぞれ特徴づけていく。「獅子」、「雄牛」、「人の顔」、「鷲」が挙げられ、「獅子」はヨハネ福音書、「雄牛」がルカ福音書、「人の顔」がマタイ福音書、そして「鷲」はマルコ福音書をそれぞれ表わしているとする。後代これらが福音書の象徴となり、さまざまな図像が描かれていくことになる。

少し気になるのは第三巻一七章三節。そこでは善きサマリア人の譬え話が示唆されている。「主は自分のものである人間、すなわち強盗の手に落ちてしまったのを憐れに思ってその傷口をしばった「人間」を、王の「銘が刻まれた」デナリオン銀貨二枚を与えて、聖霊に委ねた」と記されている。「強盗」や「デナリオン銀貨二枚」から善きサマリア人の譬え話が示唆されているが、注目したいのはここでこの譬え話を人類の救済物語と解している点である。後にオリゲネスに見られるこの種の解釈はやはり二世紀に遡り、比較的広がっていた解釈であったのではと推察される。

受肉と再統合

先に記したように第三巻では正統的な教えが説かれているが、その中心は使徒たちが何を教えたのかであり、具体的にはこれを記した新約聖書がその根拠となっている。まず教会が使徒につながるものであることを示すため、代表例としてローマの監督表が示される（三章三節）。「教会を創立し建設した使徒たちは、監督職をリヌスに委ねた」とはじまり、リヌス——アネンクレトス——クレメンス——エヴァレストス——アレクサンドロス——クシュストス——テレスフォロス——ヒュギノス——ソーテーロス——エレウテロスまで続く（エレウテロスの在位は一七五年から一八九年であり、これが『異端反駁』の執筆時期の根拠となる）。エイレナイオスはこうした系統を重んじ、使徒につながる教会の教えを正統とし、新奇なる異端者たちを批判するのである。第三巻六章以下の主題は創造神と救済神の一致であり、旧約の神とイエスの説いた神とが同一であることが論じられる（一五章まで）。つづく一六章からキリスト論がテーマとなって、人間としてのイエスと神の子キリストの一致がさまざまに論じられていく。

一六章は異端の見解が紹介されているが、ここで問題となるのがイエスの洗礼の場面である。異端者はこのときにキリストやソーテール（救済者）がイエスに降り、いわば憑依したと解する。つまり異端者の見解によればイエスとキリストは異なる存在であり、あるいはソーテール、またモノゲネース（独り子）も人間イエスとは異なる存在なのである。

「ところで次のようにいう人びとがいる。イエスはキリストの器であって、［このイエスに］キリストは上から鳩のように降り、名づけることのできない父を知らせた」（一六章一節）。

これに対して彼は、「私たちは、私たちの主イエス・キリストについて使徒たちの考えをすべて用い、彼らがそのようなことを考えていたのではないことを示す」と述べ、マタイ、マルコ、ルカ、ヨハネ各福音書やパウロ書簡から引用しつつ反駁する。そしてイエスこそキリスト自身なのであって、両者を分けてはならないと考える。たとえば十字架上で受難したのがイエスのみであり、キリストではないとするなら、弟子たちに十字架をとって従うように励ましたことが虚偽になってしまう。イエス・キリストは本当に人間となり、十字架上で受難を耐えた。右の頬を打たれたら左の頬をも出しなさいと励ましたキリストが「本当に苦難を受けたのでないなら、私たちをだましたことになる」（一八章六節）。

つづく一七章は、キリストに降った「鳩」が聖霊であるとの解釈が示される。キリストが人間になったのと同様に、イエスの洗礼において聖霊が人間に降り、人のなかに住まうようになったと解釈する。

キリスト論についてエイレナイオスの基本的理解を示す一八章一節は、信仰告白文のようであり、次のように記されている。

「神の子は［常に父のもとに］在ったのであり、特定の時に［存在し］始めたのではない。彼は［ある時に］受肉し、人となったが、その時には人間の長い歴史を自らの内に再統合した。凝縮した形で私たちに救いを提供したのである。それは、私たちがアダムにおいて失ったもの、すなわち神の似像と類似性に基づいて［つくられた］ものであること、これをキリスト・イエスにおいて再び受けるためであった。」

この直前にヨハネ福音書冒頭のロゴス賛歌が記されており、神の子はロゴスであるというロゴス・キリスト論が議論のベースになっている。右の引用文には「再統合」という言葉が確認できるが、これは「レカピトゥラティオ」（ラ）あるいは「アナケファライオシス」（ギ）という。エフェソ書1章10節に遡るこの言葉を、エイレナイオスは自身の神学の中心に置く。アダムが喪失した神とのつながりをキリストが再び回復するという。キリストが神であり、また人であることは人間の救済にとって必然であった。なぜなら同じ人であるからこそキリストが神であるからこそキリストは人間に救いをもたらすことができたわけで、人間でなければ人間は救われない。他方神であるからこそキリストにおいて人間は神と結びつけられ、永遠の生命、つまり不滅性に与ることができるようになる。

「彼は人間を神に結びつけ、一致させた。仮に人間の宿敵を打ち負かしたのが人間でなかったら、敵が打ち破られたとしてもそれは確かに正当なものではなかったであろう。また反面で、仮に救いを賜ったのが神でなかったなら、私たちがそれをしっかり保持することはできなかったであろう。また、人は仮に神と一緒に結びつけられなかったなら、不滅性に参与することはできなかったであろう。」（一八章七節）

ところでアダムとキリストは、エイレナイオスの神学においてシンメトリックに対応している。アダムが人間に死をもたらしたのであれば、キリストは人間に生命をもたらす。アダムを通して罪がもたらされ、キリストを通して義が導き入れられる。アダムは神の似像性（エイコーン）と類似性（ホモイオーシス）とを喪失したが、キリストが両者を回復する。アダムには父がいないように、キリストも処女から生まれたのであって人間の父がいない。同様に、エヴァとマリアの対応も確認できる。エヴァの不従順とマリアの従順（二二章四節）が論じられる。こうして歴史を凝縮する仕方でアダムを含む全人類が、第二のアダムとしてのイエス・キリストにおいて再び神と結びつけられるのである（なお大貫隆「エイレナイオスにおける「再統合」と救済史」という詳細な論考が彼の『ロゴスとソフィア』に掲載されている）。

エイレナイオスについて、ある研究者は「教義学の創始者」呼んでいた。[(1)] 神とは何者か、キリストとは誰か、人間や世界とは何か、これらを使徒たちがどのように教えてきたのか。エイレナイオスは自らをヨハネ、ポリュカルポスにつながる直系として捉えつつ、渾身の力を込めて「認識」の問題に取り組んだ。その成果が『異端反駁』であったと言える。

（1）H.-J. Jaschke, Art. Irenäus von Lyon, TRE16, S.266.

13　アンティオケアのテオフィロス――シャープで斬新な弁証家

「君は他の事には熱心で何でも探求する質の人であるのに、われわれの話を聴くときにはずいぶん冷淡になってしまわれる。」

こう嘆息するのは、アンティオケアの監督であったテオフィロスである。異教徒の友人であったアウトリュコスに宛てて書いたキリスト教弁証の書、『アウトリュコスに宛てて』（以下『アウトリュコス』）が残っており、冒頭の言葉はその一節（第三巻四節）。この書でテオフィロスはキリスト教文学史上はじめてとなる旧約の創造物語の注釈を行い、またユリウス・アフリカヌスに先立って同じく最初の世界年代記を試みるなど、とても興味深い議論を展開する。ときは一八〇年を少し過ぎたあたり。南仏のルグドゥヌムでのキリスト教迫害が起こったのが一七七年なので、その数年後ということになる。アンティオケアはルグドゥヌムからはずいぶんと離れてはいるが、ローマ帝国下、時代の雰囲気は変わらないだろう。まだまだ「キリスト者」という名称自体が嫌われていた頃であって、引用した「われわれの話」というのは、もちろんキリスト教に関する話となる。さらに「私が悪い名前をもっているかのように、私のことを『キリスト者』という名前で呼んだりもしている」とアウトリュコスに向かって述べる行もある。もちろんテオフィロスは、続けて「いかにも私はキリスト者であると告白する」と応ずる（第一巻一節）。この時代に監督職を引き受けるのは覚悟と勇気だけでなく、知恵も必要であったのであろう。『アウトリュコス』は、テオフィロスが自分の教養を総動員し、知恵を尽くして著した弁証の書なのである。邦訳は、今井知正訳「アンティオケアのテオフィロス　アウトリュコスに送る」があり、原則として引用はこれに拠った。

テオフィロスと『アウトリュコス』

テオフィロスの生地と生年は不明にとどまるが、成長してからキリスト者となったこと、ギリシア文学の教養をかなり身につけていたということは明らかだろう。前者については預言書との出会いがきっかけであったようで（第一巻一四節）、ゆえにユダヤ人の「改宗者」ではなかったと思われる。また後者についてはギリシアの著作家（ホメロス、ヘシオドスなど一五名以上）の引用と言及が数多く見られることから推察される。なお生地を「エウフラテス河付近」と記す本もあるが、その典拠は第二巻二四節となっている。だがそこはエウフラテス河が「われわれの地域」の隣にあると記しており、直接生地について述べた行ではない。

エウセビオスの『教会史』第四巻二〇章と二四章、またヒエロニムスの『著名人列伝』二五章のなかにはテオフィロスについて古い証言が残っている。彼が使徒から数えて第六代の監督であったこと、その著作としては異端に対する『マルキオン駁論』、『ヘルモゲネスの異端駁論』があり、さらに『アウトリュコス』が三巻あったことが記されている。ヒエロニムスは、テオフィロスの名を冠した福音書やソロモンの知恵の注解書を読んだことがあると言いつつも、同時にそれらは他の著作とは文体が異なっていて同じ著者によるものとは思えないと述べている。他に教理問答に関する著作もあったそうだが残っていない。大半の著作が散逸してしまい、ただ『アウトリュコス』のみが今日に伝わる。そのため二世紀の弁証家の一人に数えられる。

『アウトリュコス』には不思議と福音書や「イエス」ならびに「キリスト」の話題は見いだせない。アウトリュコスの興味関心に合わせた議論だからであろう。かわりに旧約の創世記、そして彼の回心のきっかけとなったとされる預言書が頻繁に用いられている。なお第三巻一六節以降では創造以来現在までの年数が算定されており、テオフィロスのはじき出した答えは五六九五年となる（二八節）。なおここでもイエスについては触れられていない。キリスト教の視点からの世界年代記であれば、イエスの誕生はひとつの画期となるはずだが、言及されていない。そして最後にマルクス・アウレリウス帝の在位が「一九年と一〇日」とされており（二七節）、ここからこの書の執筆が一八〇年、あるいはその少し後と推定される。マルクス・アウレリウス帝は一八〇年三月一七日に亡くなっているからである。

アウトリュコスは、異教徒でギリシア文学の造詣が深い友人と見られるが、実在の人物かどうかは分からない。ただし冒頭の引用に続けて、「もし可能なら図書館で夜を過ごすこともためらわないであろうから」とその探求熱心を称えており、（アンティオケアの）図書館で夜通し勉強するアウトリュコスの姿を想像してしまう。架空の人物についてここまでは言わないだろう。

全体は三巻から成るが、一つの建物のように構成されているわけではなく、一つ一つが階段のように順番に連なり関わっている。やや大雑把にまとめるなら、第一巻は神とは何かが主なテーマとなり、ギリシアの神々は結局亡くなった人間のことであろうと喝破しつつ、キリスト教の神、そして信仰や復活が弁証され、一四節から成る。第二巻はギリシア神話と比較しつつ神と世界の創造、無からの創造、神の場所論、旧約の原初史物語の解説となっていて、三巻中もっとも長く三八節から成る。第三巻は異教の神々の性的放縦とキリスト教の神、さらに一六節以降が世界年代記のまとめとなっていて、全体で三〇節から成る。

テオフィロスというと「三位一体」を意味する「トリアス」というギリシア語を用いた最初のキリスト教著作家だと言われる（第二巻一五節）。ただしそこでは、神、そのロゴス、そして知恵の三者について述べているのであって、父、子、聖霊ではない。あくまでも神についてこの言葉を最初に用いた、と理解したい。また神の「内なるロゴス」と「発せられたロゴス」を分けており、後のロゴス論の先駆的用例となっていると評価される。もっとも、「発せられたロゴス」とは、楽園においてアダムに語りかけた神であったという（第二巻二二節）。また魂の不死は、魂が本性として有しているものではないという。人間は不死と死のいずれをも受容しうる存在であって、中間なるもの（mesos）として造られた。このいずれにもなりうる中間なるものとは、イタリア・ルネサンスの思想家ピコ・デラ・ミランドラの『人間の尊厳』を思い起こさせる。魂は神に従うことで不死の報いをうけるという（二四節）。以上「トリアス」、ロゴス論、魂の不死性の三つはテオフィロスの神学的特色としてしばしば論じられてきたものとなる。また「無からの創造」（第二巻一〇章）を本格的に議論した最初の教父でもある（有賀鐵太郎『キリスト教思想におる存在論の問題』二九五頁)。

テオフィロスの弁証さまざま

テオフィロスはアウトリュコスの冷淡な対応に嘆息しつつも、進むにつれて手ごたえも感じながら、ひろくキリスト教の弁証をしている。その議論は創意工夫に富んでいて、シャープで斬新な印象がある。たとえば創造物語において男から女が造られた話を注釈して、それは男女で人間というものの一性を表現するのであり、畢竟、神の一性の象徴となっているという。つまり多元論に対して一元論を述べていると解するのである(第二巻二八節)。

さらにテオフィロスの「キリスト者」についての弁証はおもしろい視点からなされている(第一巻一二節)。「キリスト者」と呼んで自分を嘲笑するアウトリュコスに向けてテオフィロスは、「君は分かっていない」という。なぜなら「油や色が塗られている」ことは笑うべきことではないから。油は水漏れを防ぎ、油を混ぜた色を塗ることによって塔や家は美しくなる。また運動競技において人は体に油を塗って光沢を出す。芸術作品も油によって光沢が出ることで完成し美しく見える。だから「キリスト者」とは「神の油を塗られた」ということであって、「君も神の油を塗られたくはないのか」と問いかける。この議論は「キリスト者」という言葉が「キリスト」から発し、そもそもは「クリオー」(油を注ぐ)という動詞から派生していることがもとになっている。同時に、油の効用がよく知られ、頻繁に身体に油(オリーブオイル)を塗る習慣のある文化が前提されている。「君も神のオリーブオイルを塗られたくはないのか」という問いかけは、ちょっと心をくすぐるキャッチであったのではないだろうか。

さらに第一巻二節には、もしアウトリュコスがキリスト教の「神を見せてほしい」というなら、反対に「あなたの人間を見せてほしい」と切り返す行がある。目に見える偶像への礼拝を否定するキリスト教に対して、アウトリュコスが「神を見せてほしい」と述べたのだろう。たしかに神を見ることはできないし、見せることもできない。しかしテオフィロスは、そもそも私たちのうちにある「人間」というものを見せることもできないだろうという。「あなたの人間を見せてみよ、であれば私も私の神を見せてあげよう」と、頓智問答のようである。肉眼では見えなくとも私たちの内には「人間」「人間性」というものがある。こうして対象から主体へと問い返して、「魂の目」というものを強調する。もし神が見えないのなら、それは神が存在しないからではなく、あなたの魂の目が見えていない、つまり目が清らかでないからだという。

では「君の目が清らかなのなら、神の形姿について教えてほしい」とアウトリュコスが求めると（三節）、肉眼では見えないとしつつ、テオフィロスは神が「栄光において無限（achoretos）、偉大さにおいて絶大（akataleptos）、崇高さにおいて絶慮（aperinoetos）、力において無類（asugkritos）、知恵において無双（asumbibastos）、善意において無比（aminetos）、慈しみにおいて絶言（anekdieghtos）」の方であるという。一応ギリシア語も記しておいたが、一見して分かるのはすべての語頭にa-が付いていることである。邦訳では「絶」、「無」とされているが、これは否定の接頭辞であって、「栄光」や「偉大」といった視点を挙げつつもそれらでは捉えきれず、その否定を意味する。なぜ否定なのかというと、それらの形容詞はすべて被造物に関するものだからだという。「私が彼は光であるというならば、私は彼の造ったものについて述べているのである」。従ってそれらを用いて神について述べることはできず、やむをえず超越の方向で否定せざるを得ない。すなわち、ここでテオフィロスはまさに否定神学を展開しているのである。

さて私たちが生きていくためには何事もまず信じるところからはじまると言って、信仰論を展開する。ここでテオフィロスが挙げる例は、農夫、船客、病人、学生であって次のように述べる。「まず大地を信じて、種を大地に委ねるのでなければ、いかなる農夫が収穫を得ることができるであろうか。あるいはまず船と操縦者を信じて、わが身をそれらに委ねるのでなければ、誰が海を渡ることができるであろうか。まず医者を信じて、わが身をかれに委ねるのでなければ、いかなる病人が病気を治してもらうことができるであろうか。まず教師を信じて、自分を彼に任せ、委ねるのでなければ人はいかなる技術や知識を学ぶことができるのであろうか。」(第一巻八節)

何かを信じる、誰かに自分の身を委ねることは、私たち現代人には馴染まないことかもしれない。農業は大地に種を委ねるどころか、科学技術の力でその大地を強要して生育させるように駆り立てる。あるいは学生は教師から学ぶよりも自分の考えばかりを書いてくる。耳を傾けるふりはするが結局自分のテリトリーに取り込もうと画策する人もいる。肥大した自我をもった現代人は、胸襟をひらいて他なるものを信頼することが苦手なのかもしれない。しかし日常生活と同じく、キリスト教信仰は、砕けた心と神への信頼なしには成り立たない。他なるものへの信頼が重要であるというテオフィロスの言葉は、自然と腑に落ちてくるものであった。

14　アレクサンドリアのクレメンス（1）――富者は救われるのか？

福音書においてわたしたちはイエスの言葉に出会うことができる。そのなかには富者を糾弾する厳しい言葉も見られる。たとえばルカ福音書には「しかし、富んでいるあなたがたは、不幸である、あなたがたはもう慰めを受けている」（6章24節）とある。富者が不幸であるとはいかなることであるのか。どうもイエスは富者には厳しい。ただしイエスの弟子、支援者のなかには、イエスの遺体を引き取ったアリマタヤのヨセフなど裕福な者もいたのであって、その集団は決して貧者・物乞いの集まりではなかった。それでも金持ちの青年の記事（マタ19章16節以下、マルコ10章17節以下、ルカ18章18節以下）に確認できるように、富者には厳しい言葉が投げられている。

では、裕福な者は本当に救われないのだろうか。富者の救いなどは、文字通りラクダが針の穴を通る方がまだ易しいといった類の不可能事なのだろうか。さらに一世紀から二世紀の「家の教会」を提供した富者にも救いがなかったのだろうか。富者の救い、しばらく誰も手を付けなかったこの難問に、はじめて正面から取り組んだのがアレクサンドリアのクレメンスであった。アレクサンドリアは町自体が豊かであって、この問題に取り組むにはうってつけの場所であったと思われる。キリスト教文学史上はじめて富者の救いの可能性を論じた文書は、彼の著した講話『救われる富者は誰か』である。ちなみにこのクレメンスは、使徒教父のローマのクレメンスとは関係はない。

パンタイノスとクレメンス

教理史、教会史を学んでいると「アレクサンドリア学派」という言葉に出会う。その実態はいささか不透明ではあるが、二世紀中頃からはじまる神学思想の一大潮流である。その創始はパンタイノスという人物であったという。

エウセビオスの『教会史』第五巻一〇章にパンタイノスについての記録が残されている。一八〇年頃のことだというが、その要点をまとめてみよう。①アレクサンドリアで「聖なる学問の学校」を主宰していた。②その思想はストア派の影響を受けていた。③東方の異教徒への伝道へと遣わされ、インドまで行った。④インドに着くと、ずっと以前にバルトロマイが遣わされていたようで、ヘブライ語のマタイ福音書があった。⑤亡くなるまでアレクサンドリアの学校を指導し、口頭や著作によって「聖なる教えの財宝」を説き明かしていた。以上となるが、その著作は残存せずその題名も伝わっていないのであって、その神学・思想については不明に止まる。

クレメンスは、おそらく一四〇年／一五〇年頃にアテナイに生まれたのであろう。若いときに各地を訪れ哲学的な遍歴をへてアレクサンドリアでパンタイノスに出会い、師弟の交わりを深めたという（『教会史』第五巻一一章）。どうやら一時期パンタイノスと共に教鞭をとり、その後その後継者となったというが、近年これに異を唱える研究も見られる。また若きオリゲネスがクレメンスの下で学んだはずで、それは二〇三年に迫害のためクレメンスがアレクサンドリアを離れるまで続いたのであろう。クレメンスが聖職者、つまり「長老」（司祭）であったのかどうかは議論されるところである。

エウセビオスの『教会史』第六巻一三章にはクレメンスの著作リストが記されている。まず『ストロマテイス』（絨毯、または雑録）八巻、また『ヒュポトゥポセイス』八巻、さらに『ギリシア人への勧告』（プロトレプティコス）に『教育者』（パイダゴーゴス）三巻、そして『救われる富者は誰か』、さらに二世紀末ごろの復活祭論争を受けて執筆された『過越』、『断食』、『悪口雑言』、『忍耐の勧め』（別名『洗礼を受けたばかりの者たちへ』）、『教会の基準』（別名『ユダヤ主義者への駁論』）、以上となる。

これらの他に、クレメンス自身が言及する『諸原理と神学に関する解説』なる書物があったようだが内容は不明に止まる。ウァレンティノス派のテオドトスの抜粋集や『預言書精選』、また『摂理』といった著作も挙げる必要があろう。ただし今日伝わるのはこれらすべてではなく限られている。『ストロマテイス』八巻（第八巻は草案のみ）、『ギリシア人への勧告』、『教育者』三巻、そして講話『救われる富者は誰か』、これらの他には、聖書の注釈書であった『ヒュポトゥポセイス』の僅かの断片、そして他の著作からの言及に値しないほどの断片である。

二〇二年あるいは二〇三年にセプティミウス・セウェルス帝の行った迫害に際して、クレメンスは難を逃れ、弟子アレクサンドロスのいるカッパドキア（あるいはエルサレム）に移り住み、その地にとどまったまま二一五年以前に亡くなったものと思われる。

講話『救われる富者は誰か』

教父の著作のなかから最初に読むとよいものとしてお勧めはと尋ねられると、『救われる富者は誰か』を挙げることにしている。アウグスティヌスの『告白録』もお勧めだが、いささか長い。その点この本は短く、構成もしっかりしていて内容も親しみやすい。邦訳は、秋山学訳「救われる富者は誰か」が公刊されており、引用は原則これによった。

冒頭、富者に対してへつらったり、もてはやしたりすることは、本来神の被造物である財宝を富者の私有物と考える点で不敬であり、また富者を救いから遠ざけるのであるから悪だくみを働くのだと指弾し、むしろ「彼らとともに生の重荷を担い、またあらゆる手立てを尽くして救いの手を差しのべる方がはるかに人間愛に満ちているように思われる」という。イエスの厳しい言葉のゆえに投げやりになっているような富者に向かって、主の言葉の適切な解釈を示し、富者を救いへと導くことは、むしろキリスト者の務めでさえあるという（一章から三章）。

三章までが序となり、四章から二六章までが第一部、二七章から三八章までが第二部、そして三九章から四二章までが補遺のように構成されている。

第一部は祈りからはじまり、マルコ福音書10章17節から31節の富める青年の記事が引用される。これを文字通りの意味に捉えるのではなく、そこに隠された意味を求めねばならない、なぜならここで問題となっているのは永遠のいのち、不死性だからだという。ではクレメンスはどのように解釈するのか。その要点は一一章から一二章に記されている。イエスの述べた持ち物を売り払えとの言葉は、金銭をめぐる思い、執着心、欲望のことだという。富にかかわる情念からの解放こそがその真意だという。それゆえ財産、富自体は決して悪なのではない。むしろ富は所有するにふさわしいものであり、富があるからこそ貧者への施しも可能なのであって、聖書の戒めも果たすことができる（一三章と一四章）。言い換えれば、富が取り去られても情念が残っているなら悪であり、反対に情念のみが取り去られて富が残っているなら、その方がよいという。マタイ福音書の「霊において貧しい者は幸い」（5章3節）もこのラインで理解する（一六章）。要するにクレメンスは、捨てるべき富を情念と解し、富者に向かって、富をもっているだけで救いの恵みから除外されているわけではないと励まし、富に執着する魂の浄化、情念からの自由こそ肝要だというのである（二六章）。

第二部は、富自体はニュートラルなものとみなし、問題は、その富をどのように用いればよいのか、どのように用いていのちを獲得するのかであるという。この問い対するクレメンスの回答は、神愛と隣人愛にまとめられる。そこで二七章から三七章まで愛の問題を論じていく。ここでクレメンスの議論は、隣人とは誰かという問題からはじまる。隣人とはイエス・キリストであるという。ここでルカ福音書の「よきサマリア人の譬え」が取り上げられるが、クレメンスの思考は直接に私たちが誰を愛するのかからははじまらない。その前にまずわれわれは倒れている人の方であって、誰がわれわれに対して隣人となってくれたのかということを考える。そうして次に、われわれは隣人となってくれたキリストを愛さねばならない、さらにキリストを愛する者はキリストが望むことを行うはずで、キリストを信じる者を愛さねばならない、と展開していく（二七章から三〇章)。さらにマタイ福音書25章40節の「もっとも小さき者」とはキリストを信じる人びとのことであり、同胞信徒に向かって喜んで与えること、さらに求めるすべての人に与えること、さらにもう一歩進んで援助を必要とする人を探し出して与えることが勧められ、これこそ神的な業だという(三一章)。

三二章では、さらに一歩進んだ議論を展開する。すなわちルカ福音書16章9節をもとに、クレメンスは「友をつくれ」という。与えることは決して一度きりの行為ですまない。むしろ友をつくれ、友となれという。「友人とはたった一つの贈物から生じない。むしろ完全な安らぎと永き交わりから生まれる。信仰、愛、堅忍は一日ではなしえない」。この部分はクレメンスの卓見だと思う。ただ与えるという行為が大事なのではなく、むしろ与えられる者と友情で結ばれるようにと勧めるからである。この友人同士の関係性の構築こそがクレメンスにとっては愛なのである。では友とは誰か。それは軽々(けいけい)には判断できない。だからこそすべての人に心をひらくようにいう。外見がどのようであっても「復活した御子は人の心の内側に隠れて住まう」(三三章)のだから。

さらに貧しい人びとの祈りほど聞き届けられるものはなく、むしろ自分の救いのために富を通してこの人びととの交わりを得るようにという(三四章から三七章)。この人びとこそ祈りによって富者を救ってくれる。友愛というのは相互扶助が基本となる。つまり与えられたら、お返しをすることで同じ友としての愛が成り立つのだが、貧者も富者に対して神を通してお返しができる。ここにはキリスト教に特有の救貧思想が確認されるのである。

使徒ヨハネと盗賊の若者

三九章から四一章では、罪を犯した者の救いの問題に触れ、導き手が必要であるという。そうして最後の四二章に記されるのが、晩年の使徒ヨハネの物語である。

ドミティアヌス帝の迫害が終わり、流刑地パトモス島からの帰途、ヨハネは各地の教会に立ち寄ったという。ある所で身寄りのない少年を見いだし、その地の監督に委ねることにした。その後少年は洗礼を受けたのだが、さらに成長するにつれ道を過ち、とうとう盗賊の首領になってしまう。後日ヨハネがその地に戻り、監督に預けたものを返すようにいうと、その子は死んだという。事情を聴いたヨハネは、馬に飛び乗って若者のいる山に向かい、その盗賊たちにわざと捕まり、首領に会わせて欲しいと乞う。若者はヨハネを見るなり、恥ずかしく思い逃げだす。しかしヨハネは全速力で追いかけ、いのちの希望を語り、止まるように叫ぶ。ついに若者は観念して泣き崩れた。ヨハネは優しく言葉をかけるが若者は悪行に染まった右の手を隠す。そこでヨハネは神に祈り、赦しを与え、しばらく生活を共にした。かくして若者は涙によって二度目の洗礼を受け、いのちをとり戻したという。

若者を追いかけるなどヨハネの年齢を疑うところもあるが、クレメンスは伝承として書き留めている。他に比較するものがなく真偽のほどは不明だが、おもしろい話であろう。ここでも繰り返し「いのち」が問題とされており、交わりから離れた若者の死、そしてヨハネが共にいることで成就した再生（アナスタシス）が話題となっている。

富を所有するだけで交わりから断たれるわけでなく、さらに神の救いを受けられないわけでない。富ではなく、むしろ心に巣食う情念を除くように勧められる。金銭への執着心と欲望を離れてキリストを信じ、キリストの望むように他者に向かって心をひらき、「友」となって援助を惜しまないことで、富者も救いに与ることができるという。盗賊の若者も交わりを断つことで死者同然となったが、ヨハネによってふたたびいのちを回復したという。この講話を通してクレメンスは、富者の救い、永遠のいのちというチャレンジングな問いに対して隣人愛を説き、単なる行為よりも「共に生きる」という点にその可能性を見いだしたのである。

15　アレクサンドリアのクレメンス（2）——博識の文化人キリスト者

「インド人のなかには、ブッダの教えを信奉する人びとがいる。彼らはこの人物を、その卓越した威厳のゆえに神として崇めてきた。」

大乗仏教を思わせるこの言葉は、キリスト教文献においてはじめて仏教に言及した一節であって、書いたのはアレクサンドリアのクレメンス。それは彼の著作『ストロマテイス』第一巻一五章（七一節の六）に見いだせる。「ブッダ」はギリシア文字でBoutta と記されている。ちなみに「バラモン」はその直前、またその他でも述べられている。さらに第三巻七章には「僧」のことと推測される「セムノイ」に言及され、仏舎利らしきものも指摘される（六〇節の三）。さらにその他インドの裸体行者も別のところで論じられている。といってもクレメンスがインド好きであったわけではない。師のパンタイノスはインドにまで赴いたと伝わるが、クレメンスの遍歴にはインドは含まれていない。そうではなく、とにかく彼は博覧強記の人なのである。

学生時代に演習で『ストロマテイス』第七巻を読んだことがあったが、とにかく下調べが大変だったのを覚えている。いまわたしの書棚にあるディールス／クランツ編『ソクラテス以前の哲学者断片集』の出典表を確認してみると、『ストロマテイス』が一〇〇箇所以上挙がっており、またアルニム編『古ストア派断片集』をみても五〇を下らない箇所が挙がっている。この二つの文献は、それぞれ古代ギリシア哲学史研究における記念碑的な労作なのだが、いずれにおいても『ストロマテイス』は出典として重宝されている。さらにはギリシア悲劇の散逸した作品の断片もかなりの数に上り、グノーシス主義者の断片、とくにバシリデスとヴァレンティノスのものは繰り返し登場し、引用されている。

クレメンスというと、オリゲネスのかげに隠れがちだが、彼自身、当代随一の知識人、文化人のひとりであったのであって、これだけの文化人がキリスト者であったことは僥倖だったと思われる。前回につづきクレメンスをとりあげ、今回はその『ストロマテイス』を論じてみたい。なお原則引用は秋山学訳を用いた。

ストロマテイスとは?

ストロマテイスという言葉は、ストロマテウスの複数形であり、書物のタイトルとして他にも幾らかの例が見られる。ラテン語ではストロマタ（複数）となるが、意味はそもそもベッドカバー、掛布団のことであり、複数形はパッチワーク、継ぎ接ぎ布のこと。『雑録』や『絨毯』と訳されることもあるが、秋山学の『綴織』も適訳であろう。ちなみに京都西陣のとある織物屋さんによると、なんと「綴織」の起源はエジプトだという。寝具となる布は端切れをあつめたパッチワークであったわけで、そうした様ざまな布の寄せ集めを表題としており、実はかなりオシャレな題だといえる。

ではクレメンス自身はどのように説明しているのだろうか。
第一巻一章一一節の一には、この本が何かを実証しようとするものではなく、「覚書として老齢に備えて書き溜められたもの」だという。これに続いてクレメンスは自分の哲学的遍歴に言及し、その言葉を教えた人びとの地域を挙げていく。その意味では若いときから書き溜めてきたものなのかもしれない。とは言え何か抜粋集のようなものではなく、引用ばかりが頁を占めているのではない。むしろ「主要点の組織的な記述」を試みており、ある程度テーマ毎にまとめて議論が進む。つまり様ざまな著作家の引用をしつつ、引用文に引きずられることなく、クレメンス自身の思想を書き留めてきたものだと言える。

さらに第四巻二章でもこの「覚書」（ヒュポムネマタ）について説明している。そこでは「自由にまた経験を伴わずに、様ざまな読み方をする人びとのため、この書の名そのものが示すように書き散らされたものでありたい」という（四節の六）。邦訳は「書き散らされた」とするが、「ディアストロメナ」の原意は「［ベッドの上に］まき散らされたもの」であって、いろいろな布が散りばめられている様子、つまり様ざまな主題が論じられ、適宜引用もなされて、どこからでも読み進めることのできる本ということなのであろう。この続きでクレメンスは本書を指して「覚書のストロマテイス」とも言っている（四節の三）。

それゆえこの本は全体が一つの主題を探求する統一した著作というのではない。はじめから全巻を通して読むものというよりも、ところどころ好みに応じて読めばよいということになる。それだけ多様多彩な内容が論じられている。ちなみに邦訳者が解説に挙げる各巻の概要は以下となる。第一巻「哲学とキリスト教真理の関係について」、第二巻「信仰と人間的善について」、第三巻「婚姻について」、第四巻「殉教者と、完全な覚知の域に達したキリスト者について」、第五巻「善と象徴に関する知識について」、第六巻「真なる覚知の準備としての哲学、および啓示と人間的知識について」、第七巻「真なる覚知に至った者とは」、第八巻「真理探究の方法について」、以上である。

なおクレメンスには他に『ギリシア人への勧告』（プロトレプティコス）と『教育者』（パイダゴーゴス）があり、『ストロマテイス』と合わせて三部作と捉えるものも見られた。しかし『ギリシア人への勧告』が教養人であるギリシア人にキリスト教を勧めるものであり、その後入信したギリシア人をキリスト者として教育・訓導するのが『教育者』にあたる。そして続いて奥義にあたる事柄を論じる第三書が構想されていたようだが、残念ながらそれは実現していない。『ストロマテイス』自体はあくまでも多彩な内容をもった備忘録であって、前二者とは別種の著作と考えた方がよい。執筆時期は不明だが、コンモドゥス帝の死に言及するので（第一巻二一章一四七節の四）、一九二年以降と考えられる。

文化人クレメンス

この時代のキリスト教迫害については論じたことがあるので繰り返さないが（本書六六頁）、「キリスト者」という名称を告白することが有罪の根拠となっていたことは確認しておこう。これを定めたのがトラヤヌス帝であったが、それから一〇〇年近く経っても、相変わらずまともな審理もなしに、「キリスト者」という名を告白することの確認のみで処罰していたものと思われる。クレメンスも『ストロマテイス』のなかで「裁判官は、あたかもわれわれが不正を働いているかのように、処罰を課し、外的な事柄に原因を求めるのである。というのも彼は、われわれに関わる事柄を知らず、知ることを望みもせず、先入観に囚われて虚しく誘導され、裁きを下すからである」（第四巻一一章七九節の二）と述べる。つまりキリスト教そのもの、また告発されたキリスト者自身を調べることもなく、「外的な事柄」、たとえばキリスト者という名に関わる評判などへと目を反らして裁きを下していたという。さらにこのような裁判官の様子をクレメンスは次のように表現する。「裁判官は自らの判断の主人であるべきで、魂を欠いた楽器のように、ただ外部からそのはじまりを得て弦がはじかれるものではない」（第四巻一一章七九節の一）。楽器は、それ自体に魂が宿って鳴りだすものではなく、奏者が魂を込めて演奏しはじめなければ音を出すことはない。そこで裁判官はこのような楽器のごとくあってはならないという。この場合の楽器とは、竪琴のことと思われるが、クレメンスはその著作において竪琴（キタラ）に何度か言及する。彼が竪琴を演奏できたのかどうかは確かではないが、このような比喩は自分でも演奏するのでなければ思いつくものではないだろう。

実は『ギリシア人への勧告』の第一章一節から六節までは音楽の話で占められており、ギリシア神話に登場する歌、歌手、さらにオルフェウスなどへと話が進み、むしろ本当はキリストこそが歌手であり、歌であり、人間に救いをもたらすものだという。さらに『ストロマテイス』第六巻一一章八八節から九〇節では音楽が話題となり、福音とともに律法と預言と教会における「音楽的な共鳴」（ムシケー・シンフォニア）が存在すると述べ、人間の倫理の涵養のために音楽が必要であるという。この場合の音楽（また西洋音楽一般）を理解するためのポイントは、メロディを中心に音楽を捉えるのではなく、音の調和ということ、それゆえ天上の音楽とは星辰の規則的な円環運動を指して使われる。

この辺りの議論を読むだけでも、クレメンスが教父たちのなかでも、ひときわギリシア的教養を身につけた多彩で洒脱な文化人であったことが窺えよう。

神の情念としての憐れみ

クレメンスにとってギリシア哲学とキリスト教は連続しており、ギリシア的な日常の文化現象とキリスト教との間には何ら齟齬は認められていない。もっとも、ご多分に漏れず、最古の哲学はギリシアではなく、ヘブライ人のもとで認められるというギリシア哲学剽窃説を唱え、さらにはエジプト、インドなどの哲学にも言及される。それでもギリシア哲学に対する敬意は十分に払っており、ために『ストロマテイス』第一巻一四章では詳細なギリシア哲学史の叙述をおこなう。

ところがキリスト教思想の場合、ギリシア哲学との関係において必ず問題になるのが神の「憐れみ」である。ギリシア哲学では神的存在は不受苦（アパテイア）であって、憐れみを感じることはない。ところが聖書には神について「憐れみ」が使われている。この問題には様ざまな教父が独自の仕方で解釈を展開するわけだが、クレメンスはどのように考えるのだろうか。

ところでギリシア哲学のなかでもストア派研究の場合に問題となるのは基本的テクストである。

なぜなら創始者キティオンのゼノンもクリュシッポスもその著作は一切伝わっていない。そこで様ざまな著作に見られる引用・抜書きの断片を確認せねばならないのだが、なかでもディオゲネス・ラエルティオスの『ギリシア哲学者列伝』は重要著作のひとつで、その第七巻がストア派を扱っている。そこでゼノンの言葉として引かれるものをみると「憐れみ（エレオス）とは、不当に苦しみを受ける者に対して感じられる類の苦である」（一章一一一節）と述べられ、賢者が避けるべき苦の一種と規定されている。クレメンスもこの点を理解していたようで、『ストロマテイス』第二巻一六章がこれを扱っている。「憐れみ（エレオス）とは、不当に苦しみを受ける者にたいして生じる苦であるから、そのようなものは霊魂の諸様態であって、情念（パテー）であるというのである」（七二節の一）と述べ、問題を提示する。そこでクレメンスは「憐れみ」といった身体的な感情を表現する言葉を使うのを止めないが、しかし神性自体は不変なのだという。この表現はマタイ福音書25章40節をもとにするという。そこでイエスが「わたしが飢えていたとき、あなたがたはわたしに食べさせてくれた。わたしが渇いていたとき、あなたがたはわたしに飲ませてくれた……」と述べ、神は人と同じになるという。つまり神自身は不受苦であるとしても、神は人と関わり、もっとも小さき者である人間と同じになり、その限りで人が感じる「憐れみ」や「喜び」の情念を神もおなじくもつことができるという。またこれは神の「フィランスロピア」（人間愛）であって、こうして人に寄り添うことが神の「憐れみ」だという。ここでマタイ福音書25章40節を用いるのはユニークで、この関係性を軸に神の経綸としてその情念を解釈するわけである。さらに人間と神とはまったく異質な存在であって、「本性においてまったく異なっている」にもかかわらず、神が人を気遣い、人と関わる。「いかなる点においても神には似つかわしくないわれわれに対する豊かな憐れみは、神のものだということである」（七五節の二）。その最大のものは「神の子」へとわれわれを招くことなのだが、この身分はまさに人間にとって「最大の跳躍」（メギステ・プロコペー）となる。本性において不受苦、しかし徹底した人間の関係において「憐れみ」をもつという。ここに神の善性が認められるという。

16　アレクサンドリアのクレメンス（3）——インクルーシブな教養主義者

アレクサンドリアは、背後にマレオティス湖を有する地中海に面した港湾都市であって、向かいにあるファロス島には、古代七不思議のひとつと称えられた「ファロスの灯台」がそびえ立っていた。地中海と湖のあいだの南北一・六キロほど、東西五キロほどの長さで市壁に囲まれていたという。ローマ帝国随一の人口を有していたものと思われる。そのラコティス地区にはエジプト人が居住し、反対側にはユダヤ人地区もあって、それぞれ独立していた。中心には宮殿の他、ムセイオン（学堂）と大図書館を有し、アテナイに並ぶ文化都市であり、ギリシアの古典学が興隆していた。そうしたなかアレクサンドリアの教会は、福音書記者マルコが礎を築いたと伝わるものの詳細は不明にとどまる。いずれにしても二世紀の半ばごろには大教会として歴史の舞台に登場する。

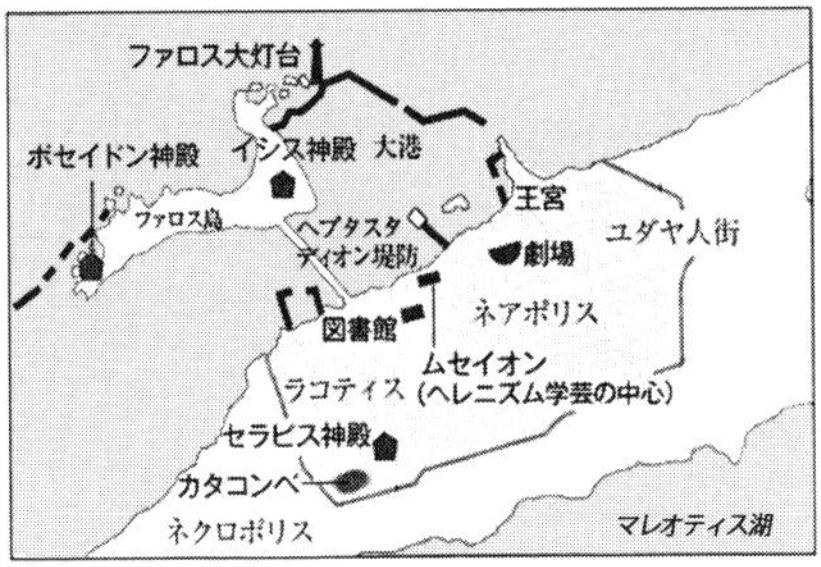

　クレメンスは、パンタイノスの後を継いでこの都市でキリスト教を講義したが、その特色はなんといってもインクルーシブな点にあ

ろう。刺激に満ちた多彩な都市においてクレメンスの神学の特色は、ギリシア文化とキリスト教の連続性、旧約と新約の連続性の観点からインクルーシブな仕方でキリスト教思想を展開したところにある。クレメンスの人柄の詳細は分からないものの、その議論を読むと、この人はいわゆる「一度生まれの人」であって（ウィリアム・ジェームズ『宗教的経験の諸相』第四・五講）、自分のまわりの世界の調和と善性を素直に享受することのできた人であったのではないかと思われる。さまざまなものを目にしながらも、それらの差異やネガティブな面よりも、類似性の方に注目し、全体を調和のとれた世界として経験することができたのであって、バランス感覚に富んだ教養人であったように思える。同時にギリシア哲学だけでは不十分であり、また旧約も十分ではなく、それぞれはキリストへと方向づけられていて、キリスト教こそが全体を包括する真理の教えであるとの確信が確認される。その博覧強記のゆえどれほど異教の文学を引用しようとも、彼はキリスト教の教師であったというこの一点を押さえておかないと読み間違えてしまうだろう。

異教の文学と信仰論

クレメンスがギリシア文学を議論の中に組み込んでいく様子は『ストロマテイス』のいたる所に見いだされるが、たとえば第五巻の冒頭を見てみよう。

そこでは信仰と覚知（グノーシス）について、信仰は御子について、覚知は御父についてであって、それぞれ別物だという議論に対して、信仰と覚知の連続性、ならびに信仰を伴う覚知、覚知を伴う信仰ということを述べている。そこでシラ書25章9節「聴く耳を持つ者に語ることのできる人、こういう人びとは幸いだ」を引用し、ここでいう「耳」とは信仰のことと解釈する。つまりこの一句を「信じる者に語ることのできる人」と解する。つづいてマタイ福音書にあるイエスの言葉「聴く耳のある者は聞くがよい」（11章15節）を引き、「聴く耳のある者」とは信仰者のことであり、そういう人は「聞く」、即ち「理解する」と説明する。つまり信仰ある者が理解するとイエスが述べているというのである。そしてこれに続いてクレメンスは、ホメロスから「そのことは、とりわけ彼ら自身が聞く」（『オデュッセイア』第六巻一八五行）の一節を引用し、ここでも「聞く」とは「理解する」という意味だという。こうしてホメロスを援用しつつ信仰と理解・覚知との重なりを示す。次にパウロのローマ書1章12節ならびに17節の「信仰から信仰へ」を引いて二つの信仰、はじめにある信仰とさらに深まっていく信仰の二つをパウロが述べていたとして、「成長と完成を受け入れる信仰」として信仰における前進、覚知と結びつく信仰を証示する。ここからクレメンスが批判するのがグノーシス主義者バシリデスとヴァレンティノスの本性的救済論となる。クレメンスによると、両者にとって人間の救済はそれぞれの本性によって定まっており、ある種の人は本性によって神を知ることへと定まっている。これに対してクレメンスは本性決定論を退け、自由意志と信仰の必要を説く。そこで「選ばれた人びとは学び、浄め、善行によって救われるのであって、決して本性的な救いではない」というのだが、もちろんこれらは文脈からして信仰においてのこと。この後さらに同じグノーシス主義者マルキオンの造物主（デミウルゴス）と善神との区別に立って本性決定論の矛盾を突く。ここで再びパウロを引いて「愚かで無知な議論を避けなさい。……そのような議論は争いのもとになります」と述べて、もう一つ「無益な無駄骨は折らぬがよい」とアイスキュロスを引用する(『縛られたプロメテウス』四四)。こうして「信仰と歩みを同じくする探求、信仰の礎の上に偉大なる真理に対する覚知を築き上げる探求こそが、最良のものである」と述べるのである。一章はまだもう少し続くが、信仰と覚知は別々のものではなく、信仰における覚知、信仰的探求というものをクレメンスは証示する。これはプロテスタントでいう「聖化」につながるものであろう。

以上見たように、信仰論の中でクレメンスは躊躇することなくホメロスとアイスキュロスを挿入している。ここはいずれも短い挿入にとどまるが、ギリシア文学や哲学の引用が数多く連なっているところであっても、基本的に同じパターンだと考えてよい。クレメンスはギリシア哲学剽窃説を展開するが、決してギリシア哲学を貶めるためではなく、いわば序列を整理するためであって、その上でギリシアの哲学、文学をふんだんに引用している。その意図は、インクルーシブな仕方でキリスト教の真理を証示しようとするところにあったといえよう。

覚知者(グノースティコス)

『ストロマテイス』は浩瀚(こうかん)な書物であって、これを読む者は樹海の中をさまようように方向感覚を喪失するところがある。しかし、そこで繰り返し論じられるのが「覚知者」、グノースティコスであり、クレメンスの主な関心がここにあったことは明らかであろう。ストア派の「知者」(ソフォス)に倣ったものなのだろうが——ちなみにソロモンのいう「知者」だと述べる所は見いだせる(第六巻一四章一一〇節の一)——「グノースティコス」をひとつの理想的キリスト者として論じる。日本語では「覚知者」と訳すのが通例となるが、認識、知識をもつ者のこと。覚知者はギリシアの人文学の教養をも深めた人物ではあろうが、しかしキリスト者の典型的な姿を述べようとしており、具体的には「ヤコブ、ペトロ、ヨハネ、パウロ」（第六巻八章六八節の二）が挙げられることもある。

さて「覚知者」についてここで論じ尽すなどということは到底望めない。そこでひとつ、その聖書主義的性格を論じたところを紹介したい。

「かくしてわれわれの間で覚知者は、ただ独り、聖書において齢を重ね、使徒的で教会の保持する教説の正統性を守り、福音にしたがって真直ぐに生き、見いだそうと探求する明証性は律法と預言者から主によってもたらされる。なぜなら私が思うに覚知者の生とは、主の伝承に従った業と言葉に他ならないからである。」（第七巻一六章一〇四節の一から二）

第七巻一六章冒頭でクレメンスは、真理の探求の目的地は聖書における明証（アポデイクシス）を得ることだという。クレメンスによると聖書は、出産後も処女であり続けた母マリアのように、われわれに対して真理を生みだしてなお真理を秘したままでありつづける。そのため聖書は不断に学ばれねばならないのだが、それを導くのは主ご自身であるという。以降で主の「声」（フォーネー）について論じられており、おそらくそれは礼拝における朗読のことなのだろう。会堂において朗々と響く福音書のイエスの言葉が音声として出席者の耳に達し、あたかもイエス自身が語りかけるように感じられたのではないか。この声の経験は自身の読書経験でも可能であろうが（昔は音読が普通）、不断に聖書の言葉に耳を傾けることで示され、理解するところがあったのであろう。もちろんそこには学問上の上達、聖書研究、信仰生活の深化も背景にあって、また神化にも言及されている（九五節の二、一〇一節の四）。その上で「ただこの声だけで明証として十分」であるという（九五節の八）。こうして「われわれもまた、聖書に関しては聖書そのものから十全に明証を得、信仰により明証性とともに確信を得る」（九六節の一）。では、反対に聖書から明証を得ないとはどのようなことをいうのだろうか。これについてクレメンスは「ある人びとは、神的な書物に固有の明証を聖書そのものから捻出することにはなおざりで、手ごろで自らの快楽に寄与するような点を抽出することに努める」（一〇三節の四）と述べる。聖書を通して自分の言いたいことを語る人を目にすることがあるが、たとえばそのような人のことであろう。信仰から信仰への歩みと通底するが、クレメンスにとって覚知者とは、教会の伝統に則って学びを深め、キリストの教えについて聖書の言葉から確信を得る者だと言える。この意味で「聖書において齢を重ね」とは含蓄に富んだ表現と思われる。

祈祷について

以上『ストロマテイス』をめぐって信仰や覚知者について見てきたが、もう一つ祈祷論（第七巻七章）を取り上げてみたい。ここでクレメンスが展開するのは覚知者の祈祷のあり方であるが、ここからも覚知者が何か特権的な存在なのではなく、むしろ本来のキリスト者のことを述べていることが分かる。

祈祷とは、救い主イエスに、そしてイエスを通して御父に向かうことであるが、それは特定の日時に行われるものではない。むしろわれわれは「全生涯を通して休むことなく、またあらゆる在り方をもってこれを行うべきであると教えられている」（三五節の一）という。つまり特定の時間に特定の場所で祈るのではなく、キリスト者はいつでも、どこででも祈るべきだという。言い換えれば「全生涯をかけ、すべての場所で祈る」（三五節の三）。ここで祈祷不要論を述べた者としてプロディコスの名が挙げられているが、第三巻四章において何事も思いのままに自由に快楽を享受できると唱え、「覚知者」を騙ったと記されている。祈祷不要の理由には言及されていないが、本性において救済が約束されているというのが理由であったと推定される。これに対してクレメンスの説く覚知者は、祈祷を捧げるが、それは覚知者といえどもパーフェクトな知者というわけではないからである。完全なグノーシスを標榜する異端派に対して、クレメンスは覚知者の探求、信仰における前進を考えている。ここからその祈祷論も出てくるのである。では、祈祷とは何か。神に向かった祈りとは何か。「したがってより大胆な言い方をするならば、祈りとは神に対する語りかけなのである」（三九節の六）。つまり覚知者はその生活全体において神への語りかけを行う。「かの覚知者は、実に生のすべてにわたって祈り、祈りを通して神とともにあろうと努める」（四〇節の三）という。祈祷は、神との対話であり、神とともにあろうとすることである。そして、神はこれに応えてくださるとクレメンスは考える。「さてそこにおいてわれわれが神の想念を得ることができるような場所、そして時間は、すべて聖である。善き意志を有し感謝の念に満ちた人物が、祈りを通して願い求める際には必ず、その達成のために何がしかの力が協働し、彼は祈った事柄を通じ、喜んで望みのものを手に入れる」（四三節の一）。覚知者の祈りは必ず聞き届けられるというが、このあたりはクレメンス特有の楽観主義が確認できよう。というのも彼にとって世界とは、どこまでも調和と摂理に満ちているからである。

『ストロマテイス』の中に迫害、殉教論は確認できても（第四巻三章から八章）、あまりリアリティは感じられない。この書は、彼をアレクサンドリアから逃避せしめたアレクサンデル・セヴェルス帝のキリスト教迫害以前に書かれたものと推測できる。いずれであれ、インクルーシブな文化人キリスト者、アレクサンドリアのクレメンスとはそうした教父であったと思われる。

17　オリゲネス（1）——その生涯

オリゲネスにおいて、はじめて私たちは、その生涯の大半を知ることのできる教父にであう。資料としては、九世紀のフォティオスの著した『ビブリオテカ』（一一八節）やヒエロニムスの『著名人列伝』（五四章、六二章）、第三三書簡が挙げられるが、中心となる資料はカイサリアのエウセビオスの『教会史』第六巻である（以下同書同巻については章節のみ指示）。エウセビオスは、その師パンフィロスとともに三〇七年を過ぎた頃『オリゲネスのための弁明』六巻を著し、その中でオリゲネスの人生についても記していたというが、残念ながら第一巻のラテン語訳を除いて散逸している。オリゲネスへの愛慕は強く、『教会史』におけるその筆致は好意に満ちたものとなっている。いくらかの過誤は訂正せねばならないのだが、彼のおかげで、オリゲネスの人生と彼をめぐる人間模様がリアルに伝わってくるのである。

オリゲネスの人生を省みるなら、なぜ彼は教会の人とならなかったのか不思議に思われる。彼ほどの人ならばアレクサンドリアの監督職を望むこともできたであろう。事実その弟子ヘラクラス、ディオニュシオスは監督となっている。若年時の去勢が本当で、それが理由だったのであろうか。しかし長老としての按手を受けたわけで、彼は教会よりも、学者として、教師としての歩みに専心した。同じことは一世紀ほど前のユスティノスについても言えるが、長じて哲学的遍歴ののちにキリスト教徒となったユスティノスとは違って、オリゲネスは生まれながらのキリスト者なのである。

たとえば日本で神学をしていると、たしかに神学というもののルーツは欧米にあるのだろうが、しかし自らの学者としてのアイデンティティは欧米にはない。むしろ漢字を使って著述するなど日本文化の一形態からして、日本人の学者の伝統、江戸時代の儒学者などがそのルーツとして想定されるのではないか。同様に、オリゲネスも聖書研究に専心しつつも、古代ギリシア以来の哲学者の伝統に立っていたのであろう。たとえばオリゲネスの生活ぶりについてエウセビオスは「哲学的生活の模範」を示すものであったという（三章一三節）。もちろんここで哲学とはひろく当時の真理と学問のことであって、「学者」の共通の生き方を示すものであったのだろう。

生年と没年、そして青少年期

オリゲネスの年代を考える上で、三つの時期が柱となる。ひとつは生年、そしてアレクサンドリアからカイサリアに移住した時期、そしてその死である。

実はその死については二つの伝承があったとフォティオスは伝える。ひとつは二五〇年から翌年にかけて起こったデキウス帝の迫害において殉教したという説だが、パンフィロスはそのように伝えていたらしい。しかしエウセビオスは明言を避け、ヒエロニムス、またフォティオスもその説は採らない。むしろ迫害時に投獄されたが、その後釈放され亡くなったという。投獄時の拷問が原因であった可能性はあろう。エウセビオスは『教会史』第七巻でガルスがデキウス帝の後を継ぎ、「その頃、オリゲネスが亡くなった。六九年の生涯であった」と記す（一章一節）。またヒエロニムスによると「（オリゲネスは）ガルス帝とウォルシアヌス帝まで、すなわち六九歳まで生き、そしてテュロスで亡くなり、その町に葬られた」という。テュロスはカイサリアから北に一〇〇キロほど北上したところにある町で、そこに墓があったらしい。ガルス帝は二五一年六月に、そしてその息子のウォルシアヌスは七月に共治帝となり、二五三年にアメリアヌスによって殺害され、帝位を奪われる。オリゲネスの死は二五一年から五三年の間となろう。そして六九歳（おそらく数え年）を考慮するなら、単純計算で生年は一八三年から一八五年となる。

生年を一八五年頃、没年は二五三年頃としておきたい。

なおカイサリアへの移住については、エウセビオスがアレクサンデル帝（二二二年三月に即位）の一〇年目と述べており（二六章）、二三一年頃、四六歳の頃と推定される。

ところでエウセビオスは、父レオニデスの殉教からオリゲネスの話をはじめる（一章から三章）。一七歳に満たない頃のことという。二〇二年にはじまったセウェルス帝のキリスト教迫害は、新たに信者になる者とその教師を対象としたものであった。恐らくレオニデスは信仰教育を担い、そのため投獄され、斬首されたという。自らも出頭しようと逸（はや）る息子を説得し、遂には衣服を隠して外出不能としたのは、彼の母であった。仕方なくオリゲネスは獄中の父を励ます書簡を送ったという。彼の父にたいする想いは、五〇歳頃に執筆された『エゼキエル書注解』のなかでも確認される。「私が正しく生き、その出自の高貴さを身につけることがないなら、私は殉教者の父に相応しくないだろう。これこそ父の証言、告白であって、このため父はキリストにおいて輝いているのである」（第四講話八節）。オリゲネスはクレメンスに師事したが（六章）、著作の中でその名を一度も挙げない。殉教した父に比して、逃亡したクレメンスのことをよく思っていなかったのかもしれない。

父親の殉教によって財産一切が没収されてしまう。残された家族は、母とオリネゲスと六名の弟妹だった。ここに篤志家の女性が現われ、家族を経済的に支えてくれたという。ただし彼女はパウロという名の異端者に心酔していたようで、オリゲネスは異端者との交わりは断ったと伝わる。

レオニデスはギリシアの学問を学ぶように指導し、また聖書の暗誦をオリゲネスに課していたようである。その死後オリゲネスはいっそうギリシアの学問の研鑽を重ねたという。エウセビオスは一八歳でオリゲネスが学校を開いたというが、それは誤りであろう。むしろ父の死後、数年間はギリシアの学問の研鑽を積み、その間にアンモニオス・サッカスのもとで学んだのであろう。ポリュピュリオスが述べるのはこの時期のことと推定される（一九章）。

オリゲネスの学校（ディダスカレイオン）はギリシアの学問を教えつつ、信仰教育も行っていたのであろう。おそらく二〇五年頃にギリシアの学問とキリスト教の私塾を開き、後に、二一一年頃アレクサンドリアの監督デメトリオスから正式に信仰教育を委ねられ、認可されたのであろう。二一一年にセウェルス帝の死去と総督アキュラの離任にともない迫害が終息した頃であって、他の教師たちが皆逃亡して不在であったためオリゲネス一人に信仰教育が委ねられたという。これを機にオリゲネスはギリシアの学問を教えることを止めて、その種の書籍を売却した。その代金を毎日受け取り、一日四オボロス（だいたい数千円ほどか）で家族七人の生活を支えた。夜になると自分の聖書研究に励み、質素な暮らしぶりで、靴を履かず、飲酒を避け、断食し、睡眠を切り詰めて、寝台ではなく床の上に寝たという。オリゲネスは男女分け隔てなく教えたので、妙な噂がたつのをはばかり、自ら去勢したという。エウセビオスはこれを「若く未熟な心を示すと同時に、信仰と克己心の最大の範を示した」と評価する（八章）。

なおこの時の弟子たちのなかにプルタルコスとヘラクラスの兄弟がおり、前者は殉教し、後者は師の学校を手伝うようになるが、後にアレクサンドリアの監督となり、オリゲネスを敵視するようになる。エウセビオスによると殉教した弟子とは、いま述べたプルタルコス、セレヌス、ヘラクリデス、ヘロン、セレヌス、ヘライス（女性）、バシリデスの七名であり、それぞれ火刑あるいは斬首されている（四章以下）。オリゲネスは、捕縛されたのちにも弟子たちを訪問したため、危険な目にあうが、住居を転々として逃れ、各自の最期まで立ち会ったという。

旅行とカイサリアへの移住

オリゲネスは、若い頃のローマ旅行をはじめとして、生涯においてたびたび旅行にでている。アラビアには二一三年頃をはじめとして生涯に三回、異端者との対話などのため招かれている。一九四一年に発見された写本『ヘラクレイデスとの対話』はアラビアでの協議の記録である。二二五年頃にはアレクサンデル帝の母后ママエアに招かれ、アンティオケアに赴いてキリスト教の講義をしている。

エルサレムの監督のアレクサンドロスとカイサリア（パレスチナ）の監督テオクティストスはオリゲネスに傾倒しており、二一五年にカラカラ帝がアレクサンドリアで大虐殺を命じたときにオリゲネスはカイサリアに避難している。ただしその地で請われて説教をしたことが伝わると、アレクサンドリアの監督デメトリオスの逆鱗に触れ、呼び戻される。

さらに数年後アテナイへの旅行のさいに立ち寄ったカイサリアで、オリゲネスは長老として按手されてしまう。この一件によって、長年にわたって鬱屈していた監督デメトリオスの怒りが爆発する。嫉妬に駆られたデメトリオスは教会会議を開き、オリゲネスをアレクサンドリアから追放した。こうしてオリゲネスはカイサリアに移住したのであった。翌年デメトリオスは亡くなった。

しかしカイサリアでオリゲネスは従来通りの研究と教育に専心する。このときにグレゴリオス（タウマトゥルゴス）とアテノドルスの兄弟がオリゲネスの許で学問を修めるべく、五年間滞在する。後に両者は若くしてカッパドキアの監督として赴任するが、グレゴリオスは有名な『謝辞』をオリゲネスに捧げている。この文書から私たちはオリゲネスの教育の様子を知ることができる。またカイサリア時代のこととして、カッパドキアのカイサリアの監督フィルミリアヌスがオリゲネスを招き、自分もオリゲネスの許を訪れて聴講したという。

二四七年にヘラクラスが亡くなると、ディオニュシオスがアレクサンドリアの監督職を継いだ。しかし、オリゲネスはかの地に帰還することはなかった。

オリゲネスの著作と最期

エウセビオスによるとオリゲネスの別名は「アダマンティオス」、すなわち「鋼鉄の人」と伝わるが（一四章一〇節）、ヒエロニムスは聖書研究への一途さのゆえとし、フォティオスはその議論が鋼鉄の鎖のように堅固であったからと説明する。いずれであれ彼に相応しい名であろう。また「その言葉は生き方そのものだった。そしてまさにそれゆえにその生き方は言葉そのものだった」とエウセビオスが記すように（三章七節）、率直で嘘のない晴朗な精神の持ち主であったと思われる。

最初の著作は、おそらく『ヘクサプラ』である。彼はヘブル語を学び、新たな写本を探し、左からヘブル語原文、ギリシア文字による音写、アクィラ訳、シュンマコス訳、セプトゥアギンタ、テオドティオン訳の六つを並べて旧約聖書の各種のテキストを一度に見ることができるように配置し、箇所によっては他の翻訳も記した文書を著したという。

またアレクサンドリア時代の資産家の弟子アンブロシウスは、速記者七名、転写生と筆耕者を用意してオリゲネスに著述を勧め、おかげで『ヨハネ福音書注解』など多くの聖書注解書が作成された。また『原理論』はアレクサンドリアで執筆され、カイサリアに移住する前に完成していたという。マクシミヌス・トラクス帝（在位二三五年から三八年）は迫害を実施したが、アンブロシウスはこの時に捕縛された模様で、オリゲネスは獄にある彼とカイサリアの長老プロトクテトスのために『殉教の勧め』を書いている。

二四五年頃、六〇歳を超えたオリゲネスはようやく聖書講話の速記を許可し、次々と執筆していった。聖書各文書の注解（トモイ）と講話（ホミリア）、さらに選釈（スコリア）は膨大な数に上ったが、現存するのはごく一部に限られる。

またこの頃に『ケルソス駁論』八巻を執筆している。この書は一八〇年頃のローマの哲学者ケルソスの『真のロゴス』におけるキリスト教批判への反論となっている。オリゲネスは漏らすことなく引用し逐条的に批判を展開していった。

オリゲネスの著作数は二〇〇〇とも言われ、エウセビオスは『教会史』で、その全体のリストの作成はあまりに「大きな仕事」であり、不要と述べている（三二章）。

二四九年に登位したデキウス帝は、キリスト者であった先帝フィリップスへの対抗心も相俟って、キリスト教徒迫害を実施した。エウセビオスによるとオリゲネスは逮捕され、投獄され、酷い拷問を受けたという（三九章）。処刑しないで棄教させることを意図して拷問が続いたが、オリゲネスは信仰に留まった。釈放されてのち、書簡をひとつ著しているが、その後しばらくして亡くなったものと思われる。

18 オリゲネス（2）——思索と探求の書『原理論』

その生涯を見ると、オリゲネスという人は、人づき合いがあまり上手ではなかったのだろうと思う。弟子たちから慕われ（ヘラクラスを除く）、遠方の監督からは尊敬されたようだが、愛想とか社交辞令などは苦手で、誠実ではあっても堅物で、自分にたいしてと同様他人にたいしても厳しいところがあったのだろう。結局アレクサンドリアの監督デメトリオスから嫌われるようになってしまうが、要するにいささか生意気に思われたのではないか。こうしてホトホト嫌気がさして故郷を去り、カイサリアに移住したように思われる。

オリゲネスは生粋の学者であったといえる。学者は自分でものを考え、試行錯誤し、そしてそれを率直に書き記す。キリスト教の真理に目覚めていたオリゲネスは神について、世界について、そしてイエス・キリストの福音、祈りや殉教、さらに聖書について黙想し、考え、数多くの著作をものにしていった。

アレクサンドリア時代から批難、批判されてきた彼の教説のひとつが、いわゆる悪魔の救済説であって、これはのちの六世紀にユスティニアヌス帝がオリゲネスを異端と定めた命題のひとつになる。この議論は、オリゲネスの『原理論』のなかに見いだすことができ、そこで彼は真面目に悪魔の救済の可能性を論じている（第三巻六章五節）。しかしその真摯さが、却って信仰者を刺激し、反感を買ったのだろう。オリゲネスというと体系家との評価が一般的で、その根拠となるのが『原理論』である。「この書によってオリゲネスは、キリスト教信仰の組織的に設計された著述をなした」という。[1]しかし、スコラのスンマのような綿密に構築された教義学を書こうとしたわけではない。むしろこの著作は「思索・探究の書」というべきであろう。小高毅訳が公刊されており、これを使用した。『原理論』においてオリゲネスの学者魂は徹底され、真理を目指してその思索はいわば天地を駆け巡っているのである。

表題とその意味、全体の構成

『原理論』のギリシア語原文は大半が失われており、全体はルフィヌスのラテン語訳でしか残存しない。ところが三位一体論といった教義面での修正をふくめて（ルフィヌス「序文」三節）、ルフィヌス訳については同時代にヒエロニムスが精確さに欠くと批判していた。またヒエロニムス自身が精確なラテン語訳を作成したというが、それは断片を除いて残存していない。ルフィヌス訳の精確さは随分と議論の的になったが、少なくともオリゲネス研究に堪えないものではないことは判明している。それは主にルフィヌス訳と残存するギリシア語原文との比較の結果による。ギリシア語原文は一部が残されており、とくに四世紀のバシレイオスとナジアンゾスのグレゴリオスの編んだ『フィロカリア』に『原理論』第三巻の自由意志論と第四巻三章までの抜粋が認められる。

『原理論』は「ペリ・アルコーン」という表題となるが、これはルフィヌスがその序において挙げており（三節）、これを訳せば『原理論』ないしは『主権者たち』となるという。またルフィヌスに先立ちエウセビオスが『教会史』第六巻においてオリゲネスの著作のひとつとして「ペリ・アルコーン」を挙げ、それはアレクサンドリアから移住する以前のものという（二四章）。いずれにせよ本書は「諸々のアルケーについて」というタイトルなのである。

問題はこの「アルコーン」の意味となる。アルコーンはアルケーの複数形（属格）であるが、オリゲネスにとって万物のアルケー（根源、原理）は神一人であって、他にはない。唯一神を唱える彼が、なぜ複数形でアルケーを捉えたのか、従来いろいろと説明が試みられてきた。

今日の通説はこれがひとつの伝統的な表題であって、オリゲネスの独創ではなかったというもの、つまりギリシア哲学において確認される伝統的な表題だという。少し例を挙げよう。古くはアリストテレスのリュケイオンに学んだストラトンの著作にその名が確認される（ディオゲネス・ラエルティオス『ギリシア哲学者列伝』第五巻三章五九節）。ストラトンは紀元前三世紀の人で、さらにアレクサンドリアにてプトレマイオス王を教えたと伝わる。他にはストア派において諸々のアルケーが問題となり、ゼノンは神と質料を二つのアルケーとしたという（ディオゲネス第七巻一章一三三節、一三四節）。アルビノスなどプラトン主義者においてアルケーとは神のほか、世界、質料などであって、「ペリ・アルコーン」は神学的主題を論ずる場合の通例の表題であったという。さらにクレメンス自身が自著として言及する「諸々のアルケーとテオロギアに関する詳論」というものがあり（散逸）、この「ペリ・アルコーン」が神学的著作であったことが示唆されている（『救われる富者は誰か』二六章）。

アルケーとは神的存在などの基本的と思われる存在者を指し、そこから神学的主題をあつかう著作のタイトルとして用いられていたといえる。さらに指摘されるのは、マルキオン等の異端者が、創造神と救済神を分け、これらをアルケーと呼んだことから、マルキオン、グノーシス派への反駁の意図も含まれているという。

さらにそうした存在者だけでなく、キリスト教信仰の基本的教説を指すものでもあったといわれる。オリゲネスは序のなかで、使徒は必要なことはすべて教えたが、その「根拠」（ratio）については思索の賜物を与えられた人びとに委ねたという。すなわち信ずべき事柄は明確であるが（信仰の基準）、それらの根拠・理由については検討の余地があるという。そこで信ずべき事柄としてオリゲネスが挙げるものは九つあって、それらが一つひとつアルケーであった可能性がある。以下これらを挙げておきたい。

第一は、創造の唯一神の存在、第二は、イエス・キリストは一切の被造物に先立って生まれたこと、第三は、聖霊について御父と御子と一致すること、第四は、魂は実体であって、永遠の生命あるいは永遠の火の罰をこうむること、第五は、理性的魂は自由意志をもつこと、第六は、悪魔とその使いたちの存在、第七は、この世界が造られたものであること、第八は、聖書は神の霊によって書き記され、隠された意味があること、第九は、神の御使いと善なる霊の存在、以上となる。これらの信ずべき事柄を確認したうえで、これらについてどのようなことが考察されるべきかを簡潔に論じ、本論につなげていく。

『原理論』は四巻本ではあるが、この場合の巻数は内容上の区別には対応していない。内容から分類すると、第一巻一章から第二巻三章までが第一部となり、第二巻四章から第四巻三章までが第二部とされ、第四巻四章以降がむすびとなっている。第一部では、ギリシア哲学でも問題とされる諸主題、すなわち神、人間、霊的存在者、世界が論じられ、第二部では上記九つの信仰すべき事柄について順次論じられるのである。いまこれらすべてに触れることは不可能なので、一点に絞り、悪魔の救済説にかぎって考察してみよう。

悪魔の救済!?

オリゲネスは純粋な信仰の人ではあったが、教会の人とならず、生涯を学者として過ごした。カイサリア移住後は聖書解釈の著述が目立つが、それでもそのアイデンティティは変わらなかったと思われる。学者として彼は自分の考えたことを率直に書き記したのだが、そこには行き過ぎたところもあったのであろう。こうしたもののなかで後に異端説として挙げられるのが、第一に魂の先在説、つまり身体とともに生まれる前に魂はすでに存在していたということ。そして第二に従属説、つまり御子は御父に劣り、従属するということ。さらに第三に復活後の身体について、この世の身体と等しくなく、その霊性を強調すること。そして最後に世の終わりにおけるアポカタスタシス、つまり悪魔をも含んだ万物救済の可能性、以上となる。

悪魔の救済説は、ヒエロニムスの伝えるオリゲネスの『カンディドスとの対話』の一部にも確認されるが（『ルフィヌスに対する弁明』第二巻一九章）、『原理論』第三巻六章「世の完成について」のなかに認められる。

そこでのオリゲネスの議論の根底にあるのは、理性的存在者の自由意志の尊重、そして存在するものは善なる神に創造されたものであって、根本において一切が善であり、善を求めるという形而上学的で、ある意味で突き抜けた楽観主義である。

すべての理性的存在者は善を求めて行動するという定理から、オリゲネスは終局の目標とは最高に善なるものであるという。そしてこの最高に善なるものとは「神に似る」ことであり、この点でギリシア哲学者たちも同じ考えであることが確認される。創世記1章27節の神の像と似姿を区別し、後者を人間の目標とし、これが聖書の語る至高善であるという。そのうえで「神がすべてにおいてすべてとなる」というパウロの言葉を引用し（第一コリント15章28節）、これこそが究極の善だという。つづいて神が「すべてになる」の意味が問われる。この問いに対するオリゲネスの言葉は次のものとなる。

「あらゆる悪徳のかすを清められ、あらゆる悪意の霧を取り払われて、理性的精神が考えたり、理解したり、思惟したりすることのすべてが神であり、神以外の何ものをも考えず、神を思惟し、神を見、神に固着し、神がそのすべての動きの基準及び規範であるということである。」（三節）

われわれの考えること、感じること、愛着をもつことの対象の一切が神となるという。現代人からすると一見するとそんなつまらないことが究極なのか、と問われそうだが、こう考えたらどうだろうか。

たとえばわれわれは喉が渇くと水を求め、刺激を加えて炭酸水を求め、甘みを加えるならジュースやソーダを飲む。また美しいものを見、刺激的な映像を好み、何か特別な情報を加えた映像を見たり、子どもの頃のアニメを見て懐かしく思ったりする。あるいはおなかを満たすために食事をとるが、辛いもの、しょっぱいもの、脂っこいもの、甘いもの、苦いもの、ひとそれぞれ好みの味を求める。しかしこれら一切は限定的で、一過性のものにすぎないが、もしもこれら一切を丸ごと包含する存在があるならば、われわれはその一つでもって満たされるのではないか。おそらくオリゲネスが「神」というとき、これら一切を完全な仕方で含みもっているもののことを考えている。このように形而上学的で、常識を突き抜けたものを彼は考えているのである。なお引用文のなかで魂のさまざまな動きのひとつに挙げられていた「固着する」（テネオー）というのは情愛にみちた接触であって、いささか唐突な比較だが、どことなくヒンドゥー教の『バガバッド・ギーター』の「バクティ」（信愛）という言葉を想起させる。

オリゲネスによると、理性的存在者はこのような究極を目指しているのであって、それは「悪魔」であっても同様であるという。悪魔はもともと理性的存在者であって、原初、神に逆らう敵意をもつことによって悪魔となった。それは意志のなせる業であり、決して本性の問題ではない。ウァレンティノス派などのグノーシス主義のいう救済における本性決定論にたいして、オリゲネスは自由意志を強調する。したがって「悪魔」も悪しき意志を除いたら、もはや悪魔ではなくなる。それゆえ終末において「死」や「最後の敵」が滅ぼされるとパウロがいうのは（第一コリント15章26節）、「その実体が消えるというようにではなく、……自分のうちから生じた敵対せんとする意図および意志がなくなるというように理解せねばならない」（五節）という。つづいてオリゲネスは身体による妨害の可能性を論じ、「霊的身体」の議論を展開するが、今はこれには触れずにおきたい。そして理性的存在者の神への旅路はそれぞれであって一様ではないが、数々の教育をへて最後には悪魔ですらも、悪魔でなくなり救済に至るのである。「悪魔」と呼ばれる存在が元来は理性的存在者であり、そのような存在でもいずれも何かしら善を求めて動くのであって、永き教育の成果として神への敵意を滅却することで救済にいたる。かくして「神がすべてのものとなる」という終局が実現するという。悪魔の救済というより、悪意をもつ理性的存在者の救済というのがその実態ということになろう。

（1）H. Görgemanns/H. Karpp, Origenes Vier Bücher von den Prinzipien, Wissenschaftliche Buchgesellschaft, Darmstadt, 1985, S.9.

19　オリゲネス（3）――聖書解釈の展開

オリゲネスの名声はアレクサンドリアをこえて広がっていたというが、それはギリシア哲学などの学識によるものだった。父レオニデスが彼をギリシアの学問へ導いたとエウセビオスは伝えており（『教会史』第六巻二章一五節）、青少年期に、基礎を含めてギリシアの学問をしっかり修得したものと思われる。そのため若い頃は、この学問が彼の家族を経済的に支えた。レオニデスは同時に、ギリシアの学問の前に日々聖書を暗誦させていたようで、オリゲネスは喜んでこれに従ったという（同二章八節）。これが彼の信仰の礎となったのであろう。オリゲネスはかなり聖書を暗記していたと推察されるが、彼が生涯にわたって取り組んだのが、聖書についての著作であった。

オリゲネスの聖書解釈というと、アレクサンドリア学派特有のアレゴリカル解釈と評価されるが、ではアレゴリカル解釈とは何か。たとえば神について、その「手」とか「口」とか、またその「怒り」などは神にふさわしくない、だからそれらの言葉を神にふさわしく解釈しなければならない、それがアレゴリカル解釈だといわれる。あるいはよきサマリア人の譬え話を取りあげるなら、倒れている人はアダム・人類、強盗は悪魔、祭司とレビ人は律法と預言、そしてサマリア人がキリストで、宿屋は教会だという（『ルカ福音書講話』第三四講話）。つまり聖書の言葉を別の概念に置き換えて解釈するわけである。これによってこの譬え話は人類全体に及ぶ救済物語となる。この解釈については、サマリア人＝キリストなどの結びつきが恣意的であって、解釈全体としては荒唐無稽なものと評価されがちである。しかしオリゲネスはそこで何を行っていたのか。いわゆる「解釈」を行っていたのか。現代の聖書学の視点からすると、オリゲネスの聖書解釈が荒唐無稽であるのはよくわかる。しかし、彼はそもそも現代的な意味で「解釈」を行っていたのだろうか。聖書を理解するというのは、彼にとって何であったのか。

オリゲネスと聖書

聖書に向かうオリゲネスの特色として、その本文を精確に確定しようとする熱意が認められる。現代の聖書学が可能な限り写本を集め、本文を確定しようとするのと同様に、オリゲネスも旧約聖書についてヘブライ語を学び、手に入るかぎりのギリシア語訳を集めて、本文を定めようとした。今はその断片しか残らないが『ヘクサプラ』はその成果であった。エウセビオスは、オリゲネスが独自に写本を探し当て入手した次第についても記していた（『教会史』第六巻一六章）。『ヘクサプラ』の元になった七十人訳やアクィラ訳、テオドティオン訳、シュンマコス訳の他に「人家の奥まったところから」未知の翻訳を見つけ出したという。さらに詩編については七十人訳など四つのギリシア語訳に加えて、さらにもう三つの訳を共観できるように配置したという。ただしこうした作業は、聖書に書かれている内容を精確に確定し知ろうとする努力の現われではあっても、現代的な本文の校訂と同じものではない。なぜなら、オリゲネスは文献学的に精確なヘブライ語原典を作成しようと考えていたのではないからである。

オリゲネスの聖書に向かった熱心さは、聖書に関する著作として結実する。実のところオリゲネスの著作の大半は、聖書に関するものであって、ほぼすべての聖書について著作をものしたようである。それらの文書は「トモイ」と呼ばれた注解、「スコリア」という聖書の欄外注（選釈）、そして「ホミリア」という講話、これら三つに分類される。ただしこれらも大半は散逸しており、ギリシア語原文が残るのは『マタイ福音書注解』のうちで八巻、『ヨハネ福音書注解』で九巻などと限られている。ラテン語訳では創世記、出エジプト記、イザヤ書、エレミア書、エゼキエル書などの講話、また『雅歌注解』と『雅歌講話』、『マタイ福音書注解』、『ローマ書注解』などが残存する。スコリアとしてはすべてが断片でしか残存しないが、それらのほとんどがミーニュ教父著作集に収められている。

聖書は霊によって書かれたものだ、とオリゲネスが述べるとき（たとえば『原理論』第四巻一章）、前提となっているのは霊肉二元論である。これを古いプラトニズムの残滓と見なすことは簡単だが、それではレッテルを貼っただけで、その真意は理解できないままになる。それは肉と霊、表面とその奥、現象と真実といった一連の対立項を含んでいるのであって、オリゲネスに限らず、この時代の人びとの現実認識がおおむねこのような二層構造になっていたといえる。それは目に見えるものの奥に別の真実を認めることであって、目に見えるものを通して創造者なる神を知るといった神学的な事柄から、相手の顔つきに惑わされずにその心底を見抜こうとしたり、言葉遣いはともかくその真意を捉えるといった何気ない日常までの一切を含んでいる。そして、だからこそオリゲネスは、聖書には隠された意味があるという。彼にとって聖書は書かれたものではなく、語られる言葉、神の声だからかもしれない。聖書には表面上の字義的な意味だけでなく、その奥に霊的な意味が隠れている。その意味を明るみにもたらすことが聖書講話であり、注解、選釈ということになる。ここから意味の多重性が出てくる。間違ってはならないのは、多様性ではなく、多重性であって、表面のその奥、さらにその奥に隠された意味があるという。『原理論』第四巻二章四節で三重の意味に言及し、肉体、魂、霊に分けて歴史的・字義的意味、比喩的・道徳的意味、そしてキリストや将来の約束に関する霊的意味に分ける。ときに歴史的・字義的意味に欠けるテクストもあるが、その場合でもあとの二つの意味が隠されていて、これを読み解かねばならないとする。こうした意味の奥行という発想は現代の聖書学には見られないものであって、そもそも「解釈」という行為の意味が異なっていると考えざるを得ない。

『雅歌注解』と『雅歌講話』

さて、具体的にオリゲネスの聖書解釈を考察してみたいが、数多くあるその著作のなかから雅歌に関するものを取りあげよう。幸い『注解』（四巻）と『講話』（二巻）の両方が残っているが、一部を除きギリシア語原文はなく、前者はルフィヌス訳、後者はヒエロニムス訳が伝わっている。邦訳は、小高毅訳『オリゲネス　雅歌注解・講話』があり、これを使う。ヒエロニムスは、その序においてオリゲネスの著作は他の教父より抜きんでて優れているが、『雅歌注解』では「自分自身を打ち負かしている」と絶賛している。オリゲネスは、雅歌はそのエロティックな表現のため信仰の初心者に読ませてはならないとし、進歩した者にのみ読むことが許されると強調する。とは言え『雅歌講話』では、聴講者を前に簡潔に分かりやすく説いている。注解と講話を比べてみると、双方に同様の説明が見られるなど、両者の違いは質的なものというより量的なものである。つまり短く要点を押さえたものが講話であり、長く入念に議論が構築されているのが注解である。その意味で講話は教会の礼拝での説教というより、一般の人びとを前に講じたものであろう。

『雅歌講話』の第二講話一一章では、雅歌2章6節「わたしの甥は、ベテルの山々のかもしかか若い鹿のよう」を説き明かしている。ここで注目されるのは「かもしか」（caprea）と「鹿」（cervus）という動物について。まず聖書においてこれら二つの動物がならんで用いられる事例として、申命記14章4節の食物規定が挙げられる。そして「かもしか」が鋭い眼をもつこと、そして鹿がヘビを殺すことに言及される。鹿がヘビを捕食する話はやや意表を突かれる。ちなみにネット記事を見ても、ヘビが鹿を絞め殺して食べる記事はあっても、その逆は見あたらない。邦訳者の小高は訳注でプリニウスの『博物誌』（第八巻五〇章一一八節）を挙げるが、オリゲネスがプリニウスを読んだとは思えない。むしろ、パレスチナ生まれのアエリアノス（一六五―二三〇）の『動物本性論』第二巻九章に同様の記事があり、これがもとになっていたのではと推定される。こうして「救い主はそのテオリア（洞察力）」のゆえにかもしかに喩えられ、また抗う悪を退治することから鹿と名づけられるとする。つまり雅歌の「かもしか」も「若い鹿」もキリストの比喩であって、その洞察力と業のゆえに名付けられているという。

「鹿」と「かもしか」の意味するもの

これをさらに広げて詳細に論じるのが『雅歌注解』第三巻となる。『雅歌注解』は一部ギリシア語原文が残るが、ここはラテン語訳のみとなる。また雅歌の章節それぞれについて注釈がなされ、注解書自体は章節に分けられていない。ちなみに手元のGCSの第八巻所収のテクストの頁数では、二〇六頁から二一六頁までとなる。

注解の方でもオリゲネスの注意は「かもしか」と「(若い)鹿」に向かう。まず入念にこれらの動物に言及する聖書箇所をいくつも列挙し、これらの動物がそれ自体というよりも人間(の精神)の比喩であることが確認される。その際に方法論として彼が説くのが、聖書の他の箇所でどのようにその言葉が使われているかを考察するということであり、また見えるものを通して見えないものが知られるという原則である。ちょうど「からし種」が天の国を開示するように、見えるものは見えないものを開示し、読む者の精神を上昇させるという。

「一切を知恵の内に造った方は地において見えるそれぞれの形象を造り、それらの内で天の見えない物事を教え、知ることができるようになさった。それゆえこれらによって人間の精神は霊的な理解へと高められ、物事の原因を天上のもののうちに尋ねることになるのです。」

そこで「鹿」が話題の中心となるが、オリゲネスの関心は「若い鹿」という表現に向かう。はじめに挙げられた「鹿」の聖句を振りかえり、まず詩編28編9節「鹿を完全なものとなさる主の

Griechischen Christlichen Schriftsteller der ersten drei Jahrhunderten（GCS）はベルリンで刊行されていた教父関係の基本的テクスト集。東西ドイツ統合後に再開して、今日も数多くのテクストを刊行。写真はオリゲネスのテクストのひとつ。

声」（これは七十人訳のもの）の「鹿」を取りあげ、これは回心を遂げようとする人間の精神のことであって、キリストはこれを生み出し完成されると解する。さらに「主の声」とはこの場合、律法、預言、授洗者ヨハネの言葉だという。こうして完全な鹿となった者は聖なる者となり、この人びとについて他に詩編41編2節「鹿が小川の水を慕うように」の「鹿」、また箴言5章19節「友愛の鹿」と同じと言われる。これらは「鹿」という言葉がアブラハム、イサク、ヤコブ以下を指し、その最後にもっとも「若い鹿」としてキリストが男の子として与えられたとつづく。聖なる人びと、とりわけキリストはヘビの害毒を除き、救いをもたらすことができるからである。

つづいて詩編103編18節「高い山々は鹿のもの」に言及され、この「高い山々」とは三位一体の神のことであって、「鹿」は御子であるという。

さらに「かもしか」については、鋭い視力をもつことと鋭い視力を与えることの二つに触れ、イエスを見、そしてイエスを通して御父を見ることに展開して、イエスを見るというのは、単にイエスの形姿を見るのではなく、まさにイエスを救い主として見ることでなければならないという。こうして最後に「かもしか」と「若い鹿」の順序について、まずは神を見る鋭い眼、そしてそこから生じるまったき業の順序を語っていると注釈し、この節の注解を閉じる。

以上のオリゲネスの注釈はいったい何なのか。彼は、徹底的に信仰者の立場で聖書を読み、聖書にはいたるところに福音が記されているという前提で、その言葉の意味を探り考えているのである。

さらに彼にとって信仰とはその世界観全体を支えており、人生の柱となっている。『雅歌注解』の序文において、雅歌は内面において成熟した者のみが読むべきだとの戒め、アガペーもエロースも聖書においては概ね同じ意味で神や天への愛を指すこと、愛における神との一致などが論じられるが、オリゲネスの学問観も記されている。ギリシア人の学問の全体は倫理学、自然学、観照学（エノプティケ）から成る。まず人は為すべきことを学び、これを修得した者が自然の何であるかを探求し、そして地上から昇って天上の事柄への観照（テオリア）を目指す、そういう学問全体の連続と統一が記されていた。ここでオリゲネスは、倫理学は箴言が論じ、コヘレトの言葉は自然学に富み、そして雅歌が観照学になっているという。聖書にはそうした学問全体を包含する真理が含まれているという。従って彼にとって聖書を理解するとは、いわば世界観全体を賭けた企てであったといえよう。

20 オリゲネス（4）——祈祷不要論に抗して

賛美歌のなかでも「心を高く上げよう」とはじまる歌が好きで、神学部のチャペルで話を頼まれると、できるだけこれを選ぶようにしている。

学生さんたちに元気と自信をもって欲しいからだが、もともと「心を高くあげよう」とは、「主の祈り」を唱える前に述べたものと記憶している。ラテン語のミサ式文では、「スルスム・コルダ」（心を上げよう）と司祭が唱えると、会衆が「アウデームス・ディチェレ」と応えて、「パーテル・ノステル……」とつづく。今日、祈りの姿勢というと首を垂れるのが普通だが、むかしは両手を上方に伸ばし、天を仰いで主の祈りを唱えていた。たとえばオリゲネスの『祈祷論』では、「手を伸ばして目を挙げた姿勢は、すべてのうちでいっそう好ましい」というのがそれである（三一章二節）。

ところで、学生の頃から教父を勉強するための必携書としているのが、アルタナー／ストゥイバーの『教父学』とJ・クァステンの『教父学』（四巻）の二書である（本書一五頁）。前者はドイツ語、後者は英語で書かれており、各教父について生涯、著作、思想などを概説したものである。なかでもクァステンはそれぞれの教父の著作を数多く取りあげて詳しく解説している。アルタナー／ストゥイバーが除くか二、三行で済ませている文献を丁寧に解説してくれているので、昔から重宝してきた。最近はH・ドロブナーの類書もあって、そちらを主に参照するようになっているが、それでもクァステンが必携書であることに変わりはない。そのクァステンによると、「『祈祷論』こそオリゲネスの著作のなかでも宝玉の書である」。そこで、今回はオリゲネスの『祈祷論』を取りあげることにしたい。彼にとって祈りとは何であったのか。邦訳は小高毅訳が公刊されており、基本的に引用はこれによった。

『祈祷論』と祈祷不要論

オリゲネスによると、『祈祷論』はアンブロシオスとタティアナのために書かれた（二章一節）。アンブロシオスはもともとヴァレンティノス派に属していたが、オリゲネスに説得され、教会に戻った弟子であり（エウセビオス『教会史』第六巻一八章）、後にその執筆活動を経済的に支えるようになった（同書二三章）。すなわちオリゲネスの著作の大半は、アンブロシオスが雇った複数の速記者と筆耕者のおかげであるという。他方タティアナについては不明で、アンブロシオスと並べられているのでその姉妹などと推測されてきた。著作年代は、オリゲネスがカイサリアに移住した頃、二三一年から三五年までと推定される。二三五年にマクシミヌス帝の迫害が勃発し、件のアンブロシオスが捕縛されたからである。この時オリゲネスはアンブロシオスと、もうひとりプロトクテトスに宛てて『殉教の勧め』を著している。

『祈祷論』は三部からなっており、最初に祈りの本質に関わることが論じられ（一章から一七章、

H. Drobner, The Fathers of the Church A Comprehensive Introduction. 2007年に刊行された新しい教父学の書。

ただし一章と二章は序文）、つづいて「主の祈り」についての逐条的な解説（一八章から三〇章）、そして最後に祈りの姿勢、場所、方角（東を向く）など様々なことが論じられる（三一章から三三章）。ルフィヌス等のラテン語訳は存在せず、代わりにギリシア語原文が残存している。

表題のとおりこの小著では、祈りをめぐってさまざまなことが論じられている。オリゲネスの論述の特徴のひとつは、いつでも聖書の用例を丁寧に考察していくことだが、ここでもたとえば最初に七十人訳に出てくるエウケーとプロセウケーの区別が論じられている（三章）。両概念はそれぞれ「祈り」と「禱り」と訳し分けられるが、厳密には「禱り」であって、「祈り」の方がひろく汎用性のある言葉ということになろう。

さらに一四章では、第一テモテ書2章1節をもとに四種の祈りを区別し、願い、禱り、執り成し、感謝を挙げて論じる。欠けているものを求める「願い」（デエシス）、神の溢れる恵みへの「感謝」（エウカリスティア）、そして「執り成し」（エンテウクシス）は「信頼に満ちた方」である聖霊の働きであり、どう祈るかもわからないわれわれのことを執り成してくれるという。そして「禱り」が本来のもので、「いとも大いなることを謹厳に求めるものによって栄唱とともにささげられる祈り」のことという。つづく一五章からは、誰に向かって祈るべきかが論じられ、それはあくまでも御父なる神に向かってであって、イエス・キリストに向かってではない。むしろ、われわれは御子イエス・キリストを通して祈るべきだという。ここにはオリゲネスの従属主義的傾向が確認できるであろう。

一八章から三〇章の「主の祈り」については紙幅の都合もあり、三点だけ確認しておきたい。まず「御国が来ますように」の一節は二五章で取りあげられるが、ここにいう「御国」が空間的な場所としてではなく、むしろロゴスに則した有徳の魂の状態として捉えられているのが特徴であろう。また「存在のためのパン」（日用の糧）はいのちのパンとしてのキリストとされ（二七章）、さらに最後の一条は「悪しき者」からの救いと解される。この一節は「悪いこと」（中性名詞）なのか、「悪しき者」（男性名詞）なのか解釈の分かれるところであるが、オリゲネスは後者をとっている。

ところでこの著作の執筆のきっかけは、祈祷不要論であったという。

オリゲネスは冒頭、人間には不可能なことでも神の恵みがあれば可能になると論じている。いささか意表を突かれる出だしなのだが、その意図は、自分独りだけでは祈りについて十分に論ずることができるとは思えないからだという。そこで、この著述自体が祈りのなかで遂行されることとなる。そのため本書は「祈りの内なる祈りの書」（小高毅）と評される。言い換えれば、祈りとは人間の業ではないということ。この点、今日プロテスタントでは礼拝などの場でそれぞれが祈りを担当し、思い思いの言葉をもちいて祈る。それは、しかしまれに滑稽なまでに人間業と化すことがある。しかしオリゲネスは、祈ること自体がすでに人間業ではなく、聖霊の働きだと述べていた。「聖なる人びとの心の中で霊が祈っているので、霊的なものなのである」（二章五節）。

では祈祷不要論とは、どのようなものであったのか。

これについては五章に詳しいが、オリゲネスは次のようにまとめている。「未来のことを神は予め知っておられ、必然的にそうなるのであれば禱りは無駄である」、また「すべてのことは神の意志に則して生じ、意志されることは何一つとして変更されえないとすれば、禱りは無駄である」（五章六節）、以上の二点となる。つまり神の予知と予めの意志のため、人間が祈っても事態は何ら変わることなく、無駄だとする。

これに対するオリゲネスの反論は、まず人間の自由の指摘からはじまる。祈祷不要論は、一切が神の予知と意志のうちに進むから自由はなく、祈りは不要だというが、実は両者の間には論理的つながりはない。すなわち一切は神の計画通りだとしても、実はわれわれの自由や祈りもまたその計画のうちにある。つまりわれわれが祈ることも神の意志、予知のうちにあるとする。われわれは自由な存在であり、自分の考え、自分の思いとともに行動し生きている。なにか自動機械のように動いて生きているのではない。祈祷不要論の前提にあるのは、神の予定とわれわれの自由を対立的に捉えていることだが、両者は対立するのではなく、われわれの自由なる行為自体が神の計画のうちにある。ある時ある所でわれわれが祈るという、われわれの自由（そもそもわれわれの存在自体）もまた神の予定・予知のうちにある。したがってオリゲネスにとっては、神の予知も意志も人間の自由を妨げるものではない。それはつまり、神を対象化して考えていないからだといえる。神の全知全能性と人間の自由が矛盾しないというのは、キリスト教に通底する基本思想であって、数多くのキリスト教思想家がこの問題と格闘するのだが、オリゲネスも同様である。もし神を対象化するなら、その予知と意志はわれわれの自由とは並び立たず、いずれか一方ということになる。神をどこか次元の異なるところで捉えるからこそ、われわれの自由とは対立しない。論述が進むと、オリゲネスはこの見地に立って回心を含むパウロのいきいきとした生涯を概説するが、同時にそれは神の予知と意志のうちにあったと記している（六章五節）。

絶えず祈ること

『祈祷論』のなかでも八章から一二章はその中心的議論が展開する。八章のはじめにオリゲネスが論じるのは、祈るためには祈りにふさわしい生活、心の状態になければダメだということである。この点を強調するため、オリゲネスはいささか極端とも思える例を引いて説明している。「女性との関係なしに、また子供を儲けることになるような行為をせずに子供を儲けることは不可能であるように、ふさわしい状態で、ふさわしく祈り、ふさわしく信じていないなら、また祈りに先立って、ふさわしいような生活方法で生きていないなら、手に入れたいもののあれやこれを［得ることとは不可能です］」。」

祈りは、単なる言葉のあれこれの問題ではない。むしろ祈ろうとする者自身の有り方が問われる。心の備えがなければ祈りは徒労に終わる。怒りを抑え、他者と和解するなど自らを整えた者が祈りに専心できるのだが、雑念を払って専心した状態は、それだけでも至福の状態であって、すでに恩恵を得ているという。しかし祈りは自己目的的なものではない。むしろ神との交わりである。その神は人間の魂の奥底まで見とおす方であり、神と対峙する人間もその魂の奥底に至るまで汚れを除き、晴朗でなければならない。さもなければ神にふさわしく祈ることはできない。
かつて有賀鐵太郎は祈祷について「従って人格神の信仰なきところにおいては、原則上祈禱は成立しないということが出来る」（『オリゲネス研究』四〇頁以下）と指摘していた。人格神ということもすれば擬人化の批判にさらされるが、それでも、神について文字通りではないとしても何かしら語り合うという経験を基盤とする。ある所で祈りは神との語り合いでなければならない、とオリゲネスは記す。

「祈っているというその状態そのものによって、自らを神のみ前に参上させ、その方のみ前にあって、目を注ぎ、目の前におられる方として語るということです。」（八章二節）

ここにおいてわれわれはオリゲネスという人間の魂の最も奥深いところに触れることになる。それは単純な熱狂主義者、忘我の神秘主義者ではなく、冷静な知性を礎とする学者の魂の内奥であって、オリゲネスの生活そのものであったはずである。

さらに一〇章には次のような言葉も確認できる。

「このように祈る人は、聞き入れてくださるかたの力を注視しつつ、まだ語っているうちに、『私はここにいる』という声を聴くでしょう。」（一節）

加えて、祈りにおいてキリストがわれわれと共におられ、また天使や亡くなった聖人たちも共に祈っている。こうした大きく力強い愛の交わりの輪のなかにありつつ、神に祈るという出来事が生起し、聖霊が協働することになる。

パウロは絶えず祈ることを勧めたが（第一テサロニケ書5章17節）、これを解釈してオリゲネスは次のように語る。

「聖なる人の生涯は、一つの大きな調和のとれた祈りである。」（一二章二節）

人生そのものが祈りであるというのがオリゲネスの祈祷論の極意であろう。ここには「観想的生活」の方が優れているという議論は見られない。むしろ観想も活動も一切が祈りとなって調和し、人生が刻まれる。祈りとは、六九年に及んだキリスト者としてのオリゲネスの人生そのものであったといえるであろう。

21　ヒッポリュトス――厳格なる正統派の神学者

中世末期、「オリゲネス」の名を冠したある文書の写本がいくつか制作され、今日に伝わっている。『哲学誌』というタイトルをもったこの本は、第一巻では、タレスからはじまるギリシアの哲学諸派が概観されており、その哲学的教養は、なるほどオリゲネスの名にふさわしい内容となっている。しかし、オリゲネスがこのような書物を著したとの記録は一切なく、別人の手になることが判明している。つまり著者が誤って伝承されたのである。

今日この書物の著者と目されているのは、ローマのヒッポリュトスである。また表題は本来『全異端反駁』であって、一〇巻からなる。「哲学誌」というのはその第一巻、ないしは第四巻までを指す通称であったのであろう。

このヒッポリュトスは謎につつまれているが、とても興味深い人物である。すでにパウロ書簡に確認できるように、古来教会というところは分派、分裂の危機の絶えないものではあるが、三世紀はじめ、おそらくローマ教会が初めて遭遇した本格的な分裂の危機の渦中にいたのが、ヒッポリュトスである。ローマ教皇史において最初の対立教皇とされてきたのは二五〇年のノヴァティアヌスであり、その時のローマ監督はコルネリウスという。ノヴァティアヌスは独立教会を建て、それは五世紀ごろまで存続したという。教会史においてヒッポリュトスは対立教皇の汚名を着せられることはあまりないものの、彼自身「監督」との自覚をもっていたようで、一定の支持者もいたと考えられる（『全異端反駁』序文六節、第九巻一二章二一節）。

ところで「教皇」という名称はこの時代にはふさわしくない。「教皇史」という括りの下ではやむを得ないものの、四世紀以降のローマの司教、さらには中世ヨーロッパ社会における「教皇」を基準とするなら、三世紀までのローマ監督はずいぶんと様子が異なる。あくまでもローマという地域の監督であり、他の地域に対する優位性はまったく相対的で、おそらく首都ローマに伴った栄誉をもっていたにすぎない。経済的には格段に大きなものを所有していたようだが、まだこの時代にはペトロやパウロの権威を主張するにはいたっていない。そのため三世紀まで「エピスコポス」の訳語としては「教皇」や「司教」は使わず、「監督」と表記しておきたい。

その生涯と著作

生まれは一七〇年頃とされる。ローマ監督のウィクトル（在位一八九―一九八）のもとで長老となり、ゼフェリヌス（在位一九八―二一七）を経て、その後継者カリストスと対立して、監督を名のるようになったものと思われる。二二二年にカリストスが亡くなると、ウルバヌス（在位二二二―二三〇）、ポンティアヌス（在位二三〇―二三五）との対立は続き、その人生の後半は闘いであった。それは神論をめぐる問題であって、父と子は同じ実体の二つの様態だという様態論（モナルキア主義）を主張したサベリオスやノエトスに好意的だったというカリストスに対して、父なる神と御子ロゴスを分けるのがヒッポリュトスの思想だった。そのため対立相手からは「二神論者」とのそしりを受けたという。その当否はともかく、ノエトスやサベリオスへの批判者であったわけである（プラクセアスへの言及はない！）。神論についての彼の神学は『全異端反駁』の第一〇巻にまとめられ（三〇章から三三章）、従属論的傾向が確認できる。ヒッポリュトスは二三五年のマクシミヌス帝の迫害時に捕縛され、「死の島」と呼ばれたサルデーニャ島での鉱山労働の刑に処され、その地で亡くなったという。同時期に同じサルデーニャ島で亡くなったローマ監督ポンティアヌスとは対立関係にあったが、最期は和解したといわれる。死後両者とも殉教者としてローマに迎え入れられ、その記念日は共に八月一三日となっている。

一五五一年にヒッポリュトスの墓所から頭部のない大理石の座像が発見された。すぐに男性の頭部が作製されたが、その座椅子の壁面にはヒッポリュトスの著作も彫られていて資料の一つとなっている。その後の研究によって、座像はもともとはギリシアの女神像であったことが判明している。おそらくはヒッポリュトスの支持者が記念のために寄贈したのであろう。また一九七三年にはその石棺も見つかったという。

ヒッポリュトス座像
（バチカン図書館）

ところでオリゲネスとの接点はあったのだろうか。エウセビオス『教会史』第六巻一〇節には、ローマの監督ゼフェリヌスの時に、オリゲネスは「最も古い教会を見たい」とのことでローマに滞在したことがあったという。ヒエロニムスによれば、この時にオリゲネスはヒッポリュトスの説教を聴いたという（『著名人』六一章）。少なくとも何らかの接点があったと考えてもよいだろう。ヒッポリュトスもオリゲネスに劣らない教養の持ち主でギリシアの学問に通じていたからである。オリゲネス作と間違われた『全異端反駁』は、この表題だけ見るとエイレナイオスの『異端反駁』の後継書の印象があり、また実際ヒッポリュトスはエイレナイオスを参照している。しかしその印象は半分しか当たらない。むしろ全一〇巻のうち最初の四巻でヒッポリュトスはギリシアの哲学諸派、また密儀宗教や占星術について概論する。その理由は後述するが、グノーシスと呼ばれた異端派などについては、その後の第五巻から論述がはじまるのである。

エウセビオスは『教会史』第六巻の二箇所で、ヒッポリュトスについて論じているが（二〇章二節、二二章一節）、多くは記していない。著作についてもいくつかを列挙するにとどまる。『創造の六日間』、『創造の六日間後書』、『マルキオン駁論』、『讃歌について』、『エゼキエル書の諸部分について』、『パスカについて』、そして『全異端反駁』が挙げられている。またその他ヒエロニムスの『著名人』（六一章）にも記述があるほか先述の座像の側面にも著作リストが彫られている。著作としては他に『使徒伝承』、『年代記』、『詩編講話』、『ヨハネ福音書とヨハネ黙示録のための弁明』、『神と肉の復活』、『ノエトス駁論』、『万物について』、『全異端集成』（『全異端反駁』とは別文書）、『アンテモン駁論』といった文書が確認され、かなり多産の著述家であったことが確認される。邦訳は『全異端反駁』について大貫隆訳があり、また『ノエトス駁論』について小高毅訳がある。さらに土屋正吉訳の『聖ヒッポリュトスの使徒伝承』もある。なおイギリスの古代教会史家P・ノータンは、ヒッポリュトスという名の人物が実は二人いて記録は混乱しているというセンセーショナルな学説を展開したが、今日これは受け入れられてはいない。

『全異端反駁』

ヒッポリュトスの主著は『全異端反駁』であろう。この本におけるヒッポリュトスの構想は独創的である。彼はエイレナイオスの『異端反駁』などをもとにそれぞれの異端派、おもにグノーシス諸派の教説を論じるのだが、エイレナイオスとは異なり、これら異端派の教説はギリシア哲学に遡るという。そのため第一巻でギリシア哲学を概観し（タレス、ピュタゴラス、パルメニデス、プラトン、アリストテレス、ストア派など）、つづけて第四巻までに密儀や占星術などを論じていく。もっとも、第二巻と第三巻は残存しておらず、その内容は推測になる。いずれにしても最初の四巻を用いてギリシア哲学などを論じた上で、第五巻から第九巻までで異端派を論じつつ、それらがいかにギリシア哲学から盗用しているかを論じていくのである。取り上げられるのは、ナハシュ派、ペラータイ派、セト派、シモン、ウァレンティノス、マルコス、バシリデス、マルキオン、カルポクラテス、エビオン派、タティアノス、ニサン十四日派、そしてノエトス派、カリストス派、ユダヤ教徒などである。ただしアイデアは独創的なのだが、論理は綿密とはいえず、類似点を挙げて影響関係を断定してしまう。さらに加えて、ヒッポリュトスによるとギリシア哲学もその根源には聖書の思想があり、結局キリスト教こそが神的で真実であるというのである（第一〇巻三一章）。さらにこの本の論述に特徴的なことは、各巻冒頭でかならず内容を要約することであり、また最後の第一〇巻で各異端派の教説を要約する（ゆえに第一〇巻は別本の説がある）。作者がかなり粘着質の人物であったことを窺わせる。

監督カリストス批判

ヒッポリュトスにとって最大の敵はカリストスであった。『全異端反駁』の第九巻一一章以下に筆舌を尽くした批判が記されている。引用は一部変更もあるが大貫訳を用いる。

カリストスは「悪事とあらば何でも持ってこい、詐欺にかけては百戦錬磨の男で、監督の座を狙って猟官運動に余念がなかった」とヒッポリュトスは辛辣である。またその前任者ゼフェリヌスは「蒙昧で無学で、教会のもろもろの約束事にも通じない男だった」と手厳しく、金銭欲に駆られてカリストスを重用したという。

カリストスはもともと皇帝の一族に連なるカルポフォロスという人物の家の奴隷（オイケテス）だったが、カルポフォロスはカリストスに金銭を預けて貸金業で利益を上げさせようとした。しかし失敗したカリストスは逃亡し、捕まって監禁されるにいたった。その後カルポフォロスの好意によって解放されたカリストスは、ユダヤ人の会堂に行ったが反感を買い、訴えられた。そのためサルデーニャ島に流された。コンモドゥス帝の愛人マルキアというキリスト者が、善行を積むため、サルデーニャ島のキリスト者を放免するように働いた。相談を受けた監督ウィクトルはキリスト者のリストをマルキアに渡したが、カリストスの名だけは除いた。しかしカリストスは島の総督ヒュキアントスに嘆願して皆と一緒に解放されたという。

カリストスがローマに戻るとウィクトルは驚いたが、「腹の底から善人であった」ので異を唱えることなく、穏便に北方のアンティウムに送ってその生活の面倒を見た。その後ゼフェリヌスが監督になると、カリストスの名誉回復をおこない、教会墓所の担当者として側近とし、おかげでカリストスは辣腕を振るった。こうして無事にゼフェリヌスの後継者となった。ただしカリストスは、長老のヒッポリュトスの存在を憚ってサベリオスを追放したが、その後、攻撃の矛先をヒッポリュトスに向けて「二神論者」との批判をおこなったという。

こうして神論が争点として確認されるが、実はもう一つ問題があったようである。「かつて向こう見ずで鳴らした悪漢カリストスは、今やそのような教えでもって学派を成して教会に対抗する者となった。そして快楽の罪（ヘドナス・ハマルティアス）を人びとに容認することを考えた最初の人物でもあった」と記し、性的快楽を容認したと批判する。二重婚、三重婚、聖職者の妻帯なども一切が許され、さらに高貴な女性が身分の差を利用し、自由人、奴隷のいずれをもパートナーとして非婚のままで暮らすように勧め、妊娠中絶も可としたという。さらに安易な赦し、破門された者すら受容し、こうして人気を得て「カリストス派の教勢を強める」ことになったと批判する。

右はヒッポリュトスの述べるところを要約したが、その筆致は詳細で、またかなり生々しい。ヒッポリュトスのカリストス批判は神論をめぐるものではあったが、むしろその本音は教会生活上の倫理問題にあったのではないか。なぜならカリストスは一応サベリオスを追放しており、神論におけるこだわりはあまり見られないからである。むしろヒッポリュトスの方が堅物の真面目な学者で、融通の利かない人物であったのだろう。カリストスの現実路線に対して、その行き過ぎに耐えられず、批判を展開するに至ったというのが本当ではないか。自身が監督職に野望があったというより、カリストスの監督就任に我慢できなかったのが本音だった。だからこそヒッポリュトスの正しさはローマ教会ではある程度認められていたはずで、ローマから追放されることはなかったし、むしろのちに殉教者として記念されるようになったのである。

22 テルトゥリアヌス（1）——ラテン教父の嚆矢

「パウルス、先生（の本）をもって来ておくれ！」

三世紀半ばに殉教を遂げたカルタゴの監督キプリアヌスの肉声として伝わるものである。パウルスは青年時代に老キプリアヌスの速記者を務め、再三このように声をかけられたという。これを伝えるのは四世紀のヒエロニムスなのだが（『著名人列伝』五三章）、彼はこれを直接パウルス本人から聞いたという。そのときヒエロニムスとパウルスが何歳だったのかは不明だが、とにかくラテン教父の肉声として興味深い。カルタゴの監督キプリアヌスはこの「先生」の著作を毎日欠かさず読み、日々の糧にしていたという。

それにしても、ここで「先生」と言われているのは、テルトゥリアヌスのことである。

クィントゥス・セプティミウス・フロレンス・テルトゥリアヌスは、カルタゴの生まれで、ローマ軍団の百人隊長を父にもち、生年は一六〇年頃と推定される。教養高く、とくに法学に通じており、後代に編まれたローマ法の『学説彙纂（いさん）』に登場する「テルトゥリアヌス」と同一人物とする見解もみられる。いずれにしても、その議論は鋭利でレトリックに優れ、機知に富んだ名セリフも多い。哲学を批判した言葉、「エルサレムとアテナイとは何の関係があろうか」（『異端者抗弁』七章九節）などは古来人口に膾炙した名言であろう。一時ローマにいたことを除けば、その生涯をカルタゴで過ごした。青年期に受洗したが、長老であったのかどうかは不明。二〇七年頃モンタヌス主義に傾倒し、二一三年には教会を攻撃するようになる。聖霊のカリスマ性に魅せられて厳格主義者となった彼は、カルタゴに独自のグループをつくったといわれ、異端の烙印を押されることとなる。とはいえ、まだまだ教会組織が形成期であって、正統や異端といっても徹底した区別がなされてはいなかったのであろう。没年は不明であるが、二二〇年代以降と推定される。

テルトゥリアヌスの著作とその明快な論理

ヒッポリュトスがキリスト教西方世界における最後のギリシア語の著述家であるなら、テルトゥリアヌスは最初のラテン語の著述家であった。ラテン教父はテルトゥリアヌスに始まるといえる。またヒッポリュトスの著作は大半が散逸してしまったのに対し、テルトゥリアヌスのものは大半が残存する。モンタヌス主義者となったにもかかわらず、冒頭に紹介した監督キプリアヌスをはじめ、読者は後を絶たず、写本が書き継がれたようで、多くの著作が今日に伝わっている。

彼の著作の年代決定は困難であるが、『弁証論』（アポロゲティクム、あるいはアポロゲティクス）と『異教徒へ』は初期のもので一九七年と推定される。その他は『プラクセアス駁論』や『祈りについて』、『殉教者へ』などの神学的著作群、『マルキオン駁論』や『異端者抗弁』などの異端反駁群などに分類される。晩年のモンタヌス主義的著作も分類のための指標とされる。キリス

Corpus Christianorum latinorum（CCL）はベルギーのブレポール社から刊行されている教父のテクスト集。とくにラテン教父のものは研究者がよく用いる。写真はテルトゥリアヌスのテクストのひとつ。

ト教と戦争の問題を考えるための古典のひとつ『兵士の冠』はモンタヌス主義時代のもの。また他には『妻へ』、『貞潔の勧め』、『迫害時の逃亡』、『サソリの解毒剤』、『慎み』、『一夫一婦制』などの倫理的著作もある。プラトン主義の霊魂論を批判的に検討した『霊魂論』もよく読まれたのであろう。聖霊論の立場からすると『ペルペトゥアとフェリキタスの殉教』もテルトゥリアヌスの著作の可能性が高い（本書九五頁）。

テルトゥリアヌスの作品は基本的に舌鋒するどく、論理は明快といえる。かなり頭のよかった人だと思われる。たとえば『弁証論』の冒頭をみてみよう。なお引用は鈴木一郎訳を用いる。

カルタゴにおけるキリスト教迫害は、一八〇年にスキッリウムで一二人のキリスト者が処刑されたことが始まりだと考えられる。この頃はまだ「キリスト者」（クリスティアノス）という名称が民衆の間で忌み嫌われていたようで、テルトゥリアヌスはこの点をも取り上げて抗弁している。『弁証論』は北アフリカの総督等に宛てて書簡形式で書かれた文書で、五〇章から成るが、最初の九章まではキリスト教迫害の不当性を訴える。

たとえば犯罪者は普通、人に気づかれないようにこそこそし、捕まれば恐れ、否認し、拷問を受けても自白せず、刑を言い渡されれば涙を流す。さらに彼らは心神喪失状態であったと主張し、不運や星のせいにする。ところがキリスト者の場合は真逆であるという。

「(キリスト者は)誰一人恥ずるものはなく、一様にはやくからキリスト者にならなかったことを後悔している。尋問されれば、キリスト者だと指摘されれば、それを誇りとしている。せめられても弁解はしない。尋問されれば、むしろすすんで告白する。罪に定められれば、これに感謝している。一体、おそれや恥やためらいや後悔、嘆きといった悪の要素を全く欠いたものが、どうして悪であるといえるであろう。」(一章一二節)

それにしても「キリスト者」という名称が罪であるとの規定は、その一〇〇年ほど前プリニウスに宛てたトラヤヌス帝の勅答に提示されている。これは一一〇年頃、総督プリニウスがキリスト者の扱い方を尋ねたことに対して下されたものである(本書六六頁)。皇帝は、キリスト者を探索すべきではないが、その名をもって告発されれば処罰せよと答えている。そこでテルトゥリアヌスはいう。

「まったく理屈にあわない命令である。無実であるから追求する必要なしとしながら、有罪者のごとく罰すべしと命じている。一方でゆるしていながら、他方で厳しくあしらい、目をつむっているふりをしながら、実はちゃんと目をつけている。……もし罪あるとするなら、なぜ、同時に追求しないのか。追求しないのなら、どうして釈放しないのであろうか。」(二章八節)

さらにテルトゥリアヌスの筆は勢いを増す。

「ある男が大声で『私はキリスト者だ』といったとする。彼は自己が何ものであるかを表明しているのだが、あなたはそうではないといわせたく思っている。あなた方は真実を追求すべき任にあるにもかかわらず、われわれから虚偽の申し立てを得ようと努力しておられる。『キリスト教徒なりや否や』とたずねられるから『そうだ』と答えているまでである。」（二章一三節）
裁判官がキリスト者であることを否認させようと躍起になっている様子を揶揄したもので、じつに痛快な議論であろう。もうひとつ引いておこう。
「一体それではなぜこのように多くの人びとが目を閉ざしてひたむきにキリスト者という名を憎んでいるのだろうか。その結果、『善人なり』と自ら証言している者に対しても、その人がキリスト者であることを非難するといった混同を惹き起こしている。『ガイウス・セイウスはいい奴だ。だが彼はキリスト者だ。』また別の男は『利口な男だと思っていたルキウス・ティティウスが最近キリスト者になったというのであきれかえっている』などという。そもそもガイウスが善人であり、ルキウスに分別があるのは、彼らがキリスト者であるからではあるまいかなどとは考えてもみない。」（三章一節）
達意の訳文も合わさって、明快な筆致である。『弁証論』はこの調子で進んでいくのであって、法学の知識に富んでいた彼の修辞的技巧は見事だといえよう。

『プラクセアス駁論』

二世紀から三世紀前半の異端のひとつとして、モナルキア主義が挙げられる。これは神論に関するもので、四世紀以降に展開する三位一体論争やキリスト論論争につながる。テルトゥリアヌスの『プラクセアス駁論』はこの問題についての古典に数えられる。

モナルキア主義には二つの異なる思想があるが、共通するのは神の唯一性に力点をおくことである。一方の立場は、神は父なる神ひとりであるからイエス・キリストも聖霊も父なる神の別の様態であるとする。他方の立場は、神は父なる神ひとりであるからイエス・キリストはあるとき神の養子になっただけで、生まれながらの神ではないという。前者は様態論あるいはサベリオス主義、後者は養子説と呼ばれる。

養子説は、ローマの二人のテオドトス（一人は皮なめし職人、もう一人は両替商）とサモサタのパウロスが主な人物で、イエスはヨルダン川で洗礼を受けたときに父なる神の養子とされ、神の子になったという。裏を返せばイエス・キリストは「純然たる人間」（プシロス・アンスロポス）だという。

これに対して様態論は、サベリオスの他にノエトス、またプラクセアスの名が伝わっている。ヒッポリュトスは『全異端反駁』でこれを論じ、また『ノエトス駁論』で論じているのだが、そこに「プラクセアス」なる人物の名は出てこない。他方テルトゥリアヌスの『プラクセアス駁論』では、ノエトスやサベリオスの名は出てこない。おそらくローマに来たのはプラクセアスが先で、ノエトスやサベリオスが後だったのだろう。ただプラクセアスは、ローマには立ち寄ったもののすぐカルタゴに移り、そこで様態論を説いたものと思われる。様態論は聖霊の独自性も認めないところから、テルトゥリアヌスの批判の的になったという。

様態論は、父・子・聖霊をひとつのものとして、結局父なる神が「生まれ、父ご自身が受難したのであり、この全能の主なる神がイエス・キリストとして宣べ伝えられている」という。あるいは「父ご自身が処女の中にくだり、父ご自身が処女より生まれ、父ご自身が受難した、つまり父ご自身がイエス・キリストである」という。これはテルトゥリアヌスがプラクセアスの言葉として冒頭に引用するものである。いわゆる御父受苦説（パトリパッシオニスム）である。これに対して、父は父、子は子、聖霊は聖霊と区別する必要があるとし、これをテルトゥリアヌスは「経綸」（オイコノミア）と呼び、神の歴史への関わりとして三位を捉えているという。なおこの文脈で「トリニタス」という言葉が使われている（二章）。

また「モナルキア」という言葉について、「支配者が、自分のために役人として登用した近い関係にある他の人物（ペルソナ）を通して、その支配を統括する」ことも含まれると解説する。すなわちモナルキアは父と子がいても可能だという（三章二節）。

では父と子はどのような関係にあるのか。「木が根から出、流れが泉から出、光線が太陽から出る」のと同様であって、「木は根から引き離されておらず、流れは泉から引き離されておらず、光線は太陽から引き離されていない」、父と子の関係はこれと同様であるという（八章五節）。「神からの神」、「光からの光」と四世紀に定式化される表現のもとがここに確認される。

一一章から二六章までは聖書の解釈が問題となり、プラクセアスが自説を展開するために持ち出した聖書箇所を解釈していく。二七章はキリスト論・受肉論が扱われ、神性と人性とが混じることなく、神と人から第三のものが出来たわけではなく、イエスは「神にして人である」と言われる（二七章一〇節）。同様のことは「キリスト・イエスの中に二つの実体、すなわち神の実体と人間の実体が認められ、一方の神の実体は不死であり、人間の実体は死すべきものであることははっきりしている」とする（二九章二節）。後に五世紀に二つの「本性」（ピュシス／ナトゥーラ）として定式化されるものである。

三〇章は、歴史的イエス像が確認され、「わが神、わが神、どうして私をお見捨てになったのですか」の一句をもとに、だからそれは父の受難ではなくイエスの受難であったという。様態論は歴史上のイエスの存在を脅かすものであり、ここにその問題のひとつがあったことが分かる。

最後の三一章では、結局プラクセアスをユダヤ主義者と断じ、新約以降は一なる神が「御子と霊を通して」信じられ、元来の名前と位格（ペルソナ）において知られるのであって、このように契約を更新することを神が望まれたのだという。

『プラクセアス駁論』は三世紀のはじめ、三位一体論やキリスト論の問題が自覚されていたことを示している。この時代に、すでに自分たちの信じる「神とは誰か・何か」という認識が真剣な問題であったことが分かる。

23　テルトゥリアヌス（2）――キリスト者の兵役問題

キリスト教と戦争の問題には一言では片づけられない難しさがある。十字軍を起こした中世のみならず、古代の教父の時代であっても同様である。たとえばミラノ勅令以前の迫害時代の教会が絶対的平和主義者であったというのはいささか理想の投影であって事実ではないだろうし、反対に軍事的比喩が多用されていることで好戦的だとするならば、それはレトリックというものを理解していない証左に他ならない。

新約聖書を除くと、キリスト教史における最初のキリスト者兵士の記録は、一七〇年頃の降雨の奇跡に見出せる。エウセビオスの『教会史』第五巻五章には敵の策略のため渇水の危機に見舞われたマルクス・アウレリウス帝の軍団のなかにキリスト者兵士がおり、この者が祈ることで雷雨に恵まれたとある。エウセビオスの資料はアポリナリウスの散逸した著作とテルトゥリアヌスの『護教論』五章であり、当時ローマ軍のなかにキリスト者がいたことを示している。ちなみにこの出来事はディオ・カッシウスの『ローマ史』第七二巻八章にも記されているが、キリスト者兵士への言及はない。エウセビオスはこれを非として、キリスト者のおかげであることを強調するのであって、その筆致は誇らしげであるのが印象的である。

もし仮に一つの国に軍事力がなければ、他国に攻め込まれた場合その餌食となるであろうし、また戦争においては敵を害さずにはおれないのであって、ここにディレンマが生ずることになる。極論を言えば、一方を選べば他方を捨てることになり、両立は難しい。敵が攻撃してきているのに何もしないでいれば自分も親しい人も害され、守ることができない。他方攻撃し返せば敵を害することは必至となり、人を傷つけ殺害することになろう。右の頬を打たれれば左の頬をもという倫理は、個人の倫理としては優れていても、社会倫理として見れば難しい。どこかでバランスをとらねばならないとすると、正戦論ということになるのであろう。

この問題について、信徒数つまりキリスト者のローマ帝国の全人口における割合も大切なポイントとなろう。ロドニー・スタークの『キリスト教とローマ帝国』（一九頁）にはキリスト者の増加数と人口比率の推定表が掲載されている。事実としては確認のしようがないが、社会学的推量として一つの可能性を示唆する。それによると紀元一〇〇年でキリスト者は七五三〇人（〇・〇一三％）、一五〇年で四万四九六人（〇・〇七％）、二〇〇年で二一万七七九五人（〇・三六％）、二五〇年で一一七万一三五六人（一・九％）、三〇〇年で六二九万九八三二人（一〇・五％）となり、さらに三五〇年では三三八八万二〇〇八人（五六・五％）となっている。ローマ帝国には平均してだいたい六〇〇〇万人の人口がいたとされ、七五三〇人のキリスト者が兵役拒否を主張したところで大した問題にはならなかったであろうが、全人口の一割を占めるようになった三〇〇年あたりにキリスト者が兵役拒否したなら社会問題になることは容易に予想される。賢明なディオクレティアヌス帝による迫害はこのあたりにも原因があったように思われる。

『兵士の冠』

カルタゴのテルトゥリアヌスには『兵士の冠』と題した著作が残されている。彼が生きていたのが三世紀前後ということなので、仮に二〇万ほどの信徒数となるが、これを少数と見なすこともできるし、他方都市を中心として増加傾向にあったので決して少ない数ではないとも言えよう。

二一一年二月、セプティミウス・セウェルス帝が亡くなると息子のカラカラとゲタが即位し、それに伴って軍隊に恩賜金が支給されることになった。このときに兵士たちは月桂冠を着用して受け取ることになったのだが、一人のキリスト者兵士がこれを拒否したことが事件の発端となった。「私はキリスト者です」と述べて（一章一節）、月桂冠をかぶることを拒否したからであった。そのため彼は牢に囚われることになった。この出来事を主題にして、テルトゥリアヌスはこの兵士を擁護するために筆をとったのであり、それが『兵士の冠』となる。なお二一一年というと、テルトゥリアヌスは晩年のモンタヌス主義者の時期である。

ここで確認しておかねばならないのは、この兵士を擁護するためだとしても、では誰に向けてテルトゥリアヌスは書いたのかである。第一章から推すと、意外にもどうやらキリスト者に向けて書いたのであった。このときキリスト者兵士の間からこの兵士に向けて「なぜ着用しないのか」、「彼はただ装いのことで尋問されただけなのに、キリスト者全体に迷惑をかけた」等の疑念、批難、懸念の声があがったという（一章四節）。具体的な人数はもちろん不明なのだが、この一人の兵士を除く多数は、テルトゥリアヌスによればキリスト者であるにもかかわらず平気で月桂冠をかぶっていたようである。「要するに彼らは享受してきた長く恵まれた平和が危うくなるから不平を言っているのだ」と評される（一章五節）。ここからキリスト者の兵士は相当数いたであろうことがわかる。そのなかで一人の兵士だけが声を挙げ拒否したわけで、多数のキリスト者兵士にしてみれば迷惑千万、そもそも冠をかぶってはいけないと聖書のどこで禁じられているのかとの問いが立てられたのである。これに答えてテルトゥリアヌスは筆をとり、殉教者として（一章三節）、この兵士を擁護する。

全体は一五章に分けられ、テルトゥリアヌスの書いた多数派教会への批判的な著作の一つとなる。邦訳は木寺廉太訳があり、ここではこれを参照する。なお木寺氏には研究書『古代キリスト教と平和主義』もあって、ここにも邦訳が掲載されている。

なぜ月桂冠を拒否しなければならないのか

キリスト教史において三世紀の前半期は、聖職など制度面での整備が進む一方で、教会においていろいろと弛緩した様子が伝えられる。ローマのヒッポリュトスとノヴァティアヌス、カルタゴのテルトゥリアヌスとキプリアヌスはそれぞれ厳格主義を貫いたところが共通の特徴であるが、教会の大勢はゆるやかに弛緩の方向に進んだのであろう。テルトゥリアヌスは「福音は一つで、同じ」（一一章五節）との立場から例外を認めず、この書でも原理主義的な議論を展開する。聖書には明確に冠をかぶることを禁ずる文言はないとしても、彼は二章から一〇章、一二章から最後まで、意表を突いたさまざまな論拠をもちだして冠を攻撃する。このあたりの議論は修辞家としての面目躍如というべきであろう。

二章冒頭で、そもそもこのような時でなければ冠をかぶることはしなかったであろうと指摘して、彼らの迎合主義的態度を批判する。その行為は教会の慣行に反するのであって、さらに慣行というものは自然や理性にもとづいているという（三章から六章）。たとえば月桂冠の花を愛でるとしても、冠として編まれた時点で花は摘まれていて生きてはいない。死せる花を愛でるのは不自然で、自然に反すると言われる（五章）。七章では冠が異教起源であることが指摘され批判されるが、つづく八章では異教起源のものがすべて悪いわけではないが、非理性的な用い方はよくないとして冠の着用を否定する。また聖書の人物の誰が冠をかぶったのかとされ、冠の着用に言及したものはないという（九章）。また偶像礼拝と神礼拝との対比から、死せる偶像礼拝にふさわしいことは死者にふさわしいことであって、死せる花を用いる冠は偶像礼拝につながっているとする（一〇章）。加えて偶像のある神殿での食事を禁ずるのであれば、偶像礼拝につながる装いも禁ずるべきだという。一一章はキリスト者が兵役に就くことを問題とし、一二章以下で再び冠についての議論に戻る。冠が月桂樹であれミルトスであれオリーブであれ、異教の神々とのつながりがあることが確認される。これをかぶって恩賜金を受け取るのは、銀貨でキリストを売ったユダと同じだという。またキリスト者はこの世では旅人であって、この世を楽しむことを控えるように述べ（一三章）、さらに頭は自由にしておくように、なぜなら信徒の頭はキリストであるからと言われる（一四章）。キリストと同じようにまず「いばらの冠」をかぶるのであれば月桂冠をかぶってもよいが、「いばらの冠」をかぶらないのであれば、そもそも月桂冠を着用すべきではないという。最後の一五章は、将来神が与えてくださる冠を着用するように勧め、さらにミトラ教において「兵士」の階級ですらその任命式では冠をかぶっても、その後は一切冠を着用しないとダメ押しして筆をおく。

キリスト者の兵役について

一一章は、冠の着用云々以前に、そもそも兵役に就くことがキリスト者としてふさわしいかどうかが問われる。ここでの論点は、その仕方は異なるが『偶像礼拝』一九章でも繰り返されている。テルトゥリアヌスによると、キリスト者が軍務に就くことがふさわしくないのは以下の理由による。

（1）兵士として皇帝に忠誠を誓うことは、神への帰依に反する。神か皇帝かの二者択一になるという。

（2）イエスの言葉「剣をとる者は剣にて滅びる」（マタイ26章52節）を引用し、平和の子であるキリスト者には訴訟さえふさわしくないのに、まして兵士であること、戦闘行為、あるいは処刑行為などはふさわしくないという。

（3）兵士としてのさまざまな業務を挙げ、たとえば否認したはずの神殿に歩哨として立つこと、キリストの脇腹を突き刺した槍によりかかること、復活の希望にもかかわらずキリスト者も兵士として死ねば火葬されること等々、兵士の業務はいずれもキリスト者にはふさわしくないという。

以上からキリスト者が兵士になることをテルトゥリアヌスは否定するのだが、兵士がキリスト者になる場合はどうしたらよいのかを説く。ここで勧められるのは三つある。

（1）キリスト者となることで軍務を退く。

（2）可能な限りの逃げ口上をもって軍隊のなかで罪から逃れる。

（3）殉教する。

以上『兵士の冠』の内容を見てきた。この著作の要点は二つにまとめられるであろう。第一はこの書のタイトルと直接関連すること、すなわち軍隊において冠をかぶって異教的な祭儀に参加することは偶像礼拝になるので、冠をかぶるべきでない。それは教会の慣習に反し、不自然で非理性的な振る舞いだという。この書ではこの論点が大半を占めている。少数の原理から議論を展開するというよりも、多彩な論点を列挙した印象が強い。いずれであれ冠の着用は異教的祭儀への関与になり、これがキリスト者としてふさわしくないという。そして第二は、そもそも兵士となることはキリスト者であることに反するということであった。この議論は時代を超えた非戦論の根拠としてくり返されていくものだといえよう。

ところでコンスタンティヌス大帝がキリスト教を公認したとき、その軍旗にはイエスを表わすキー・ローの文字が記されていたという。ローマ軍について筆者は十分な知識をもたないので、テルトゥリアヌスが否とした軍隊における異教的祭儀の習慣がその後どうなったのかは不明である。しかしある書物にはこう記してあった。「キリスト教の公認がローマ軍に多くの面で影響を与えた」のだが、それは「軍隊の儀式や祭式が旧来の形式に代わってキリスト教式で行われた」

ところに認められる（エイドリアン・ゴールズワーシー『古代ローマ軍団大百科』二一二頁）。だとすれば公認以降は、テルトゥリアヌスが否定した偶像礼拝の理由は消失したのであって、第二の理由のみが残ることになる。さらにスタークによると、キリスト教は四世紀のはじめに帝国人口の一割を占めるようになり、半ばには半数になったと試算される（二七頁）。以上のような状況とその変化が、四世紀に見られる教父たちの対応の変化のベースになったはずで、アウグスティヌスの正戦論へと道を備えたものと思われる。

24　キプリアヌス（1）——迫害と疫病の時代を生きた牧者

古代キリスト教史を学んでいると、イタリアに近い北アフリカの諸地域、すなわちカルタゴを含む属州のアフリカ・プロコンスラリスやヌミディアがしばしば登場してくる。人物でいえば、殉教者ペルペトゥア、またテルトゥリアヌス、カルタゴの監督キプリアヌス、そして四世紀から五世紀にかけて活躍したアウグスティヌスは、ヌミディアのヒッポの監督であった。気候も温暖なこの地域は、ヒッポのようなローマ人の植民都市もあり、退役軍人もその隠退生活を享受する地であったという。カルタゴもヒッポも港町なのだが、ヒッポの海岸には潟があり、潮の満ち引きに乗じて人びとが集い遊んでいたという。小プリニウスの書簡には、このヒッポの海岸付近で少年がイルカと戯れる様子を描いた話も残されている（『プリニウス書簡集』第九巻二〇）。

カルタゴはもともとフェニキア人のつくった植民都市であった。英雄ハンニバルがローマと覇権を争っていたのは紀元前二世紀のこと。ローマの属州となって以降ローマの都市として再建された。「二世紀のカルタゴは巨大都市だった。それはローマ都市として再建され、拡大し、その公共建造物の大きさと市民の富に関しては、ローマ市を除けば、帝国随一であった」という（ソールズベリ『ペルペトゥアの殉教』七〇頁）。それでも在地の人びとは、ポエニ語をはじめ、カルタゴの伝統、気風を大切に守ったという。カルタゴにおけるキリスト教伝道の起源は不明だが、カルタゴには監督がいて教会を束ねていた。この地域におけるキリスト教迫害は、ペルペトゥアより前のスキッリウムの殉教者が最初とされるが、いずれも信徒であった。監督として最初の殉教者は三世紀半ばのキプリアヌスであって、おそらく斬首されたものと思われる。

キプリアヌスはテルトゥリアヌスの次の時代を代表するラテン教父であり、その著作も大半が残存する。邦語訳もいくつか公刊されていて、佐藤吉昭『キリスト教における殉教研究』には『棄教者』が、キリスト教古典叢書には熊谷賢治による「偉大なる忍耐」といくらかの書簡が、また「中世思想原典集成」には吉田聖訳の「教会の一致について」など五編が収められている。

キプリアヌスの生涯と著作

テルトゥリアヌスを師と仰いだキプリアヌスは、二〇〇年（から二一〇年まで）にカルタゴにおいて裕福な異教徒の家に生まれたという。その名はタスキウス・キプリアヌスであり、後に「カエキリウス」のミドル・ネームが加わる。キプリアヌスの生涯にかんするヒエロニムスの記述は、シンプルだが要点を押さえたものとなっている。

「アフリカのキプリアヌスは、はじめは修辞学の教師として名を成していたが、のちに長老のカエキリウスの説得によってキリスト者となった。そしてこの長老から『カエキリウス』という名をもらった。そうして財産の一切を貧者に与えてしまった。ほどなく長老となり、またカルタゴの監督となった。彼の著作は太陽以上に輝いているので、その才能の目録を作ることは余計なことであろう。皇帝ウァレリアヌスとガリエヌスの下、八度目の迫害において、年は異なるが、ローマのコルネリウスと同じ日に受難したのであった。」(『著名人列伝』六三章)

キプリアヌスの殉教は二五八年九月一四日である。なお彼の執事ポンティウスが二五九年頃に『キプリアヌス伝』を書いているが、必ずしも信頼のおける論述ではないという。とは言えこの伝記はキリスト教文学史上はじめての聖人伝であって、それまでの殉教者伝を超えて、その生涯全体がキリストの証人だというコンセプトによる。

いくらか補足をすると、キリスト者となったのが二四六年頃であり、長老カエキリウスから受洗している。おおよそ四六歳のときである。前半生のことは皆目わからないが、修辞家としての働きは目覚ましいものがあったのであろう。受洗後まもなく著された『ドナトゥスに宛てて』は最初の著作で、その心境をつづったものとなる。神の恩恵を称えつつ俗世のむなしさを語っている。小著ではあるが、アウグスティヌスの『告白録』を想起させる内容である。なお一二章あたりでは富者のあくなき欲望と財産喪失への恐怖の様子などが描かれ、富者には安らぎがないという。回心後、キプリアヌスはその財産の大半を貧者へ施したというが、この記述には自分自身のことも重ねられているのであろう。さらに監督時代、二五三年頃には『善行と施しについて』を著している。

受洗後まもなくして長老となり、四八年(あるいは四九年)に監督に選ばれている。ただ余りに早い監督就任のため反対する声も複数あったらしい。しかし監督に選ばれて間もなく、二五〇年にデキウス帝のキリスト教迫害がはじまる。神殿の神像に犠牲を捧げ、「リベルス」、つまりその証明書を取得するように定めたものであった。キプリアヌスは、このとき教会から牧者がいなくなるのを恐れて隠れ、一旦その司牧活動は中断を余儀なくされたが、隠れ先から書簡等を送ることは続けたという。ただし同時期ローマの監督ファビアヌスは殉教しており、監督として隠れたことを弁明しなければならなくなった。迫害が終了すると、棄教者(ラプシ)の復帰問題がもちあがる。信徒のみならず聖職者のなかにも棄教者がいた。この時の迫害をきっかけに悔悛の制度が整えられていった。たとえば金銭を使ってリベルスを取得した「リベラティキ」と呼ばれた者、また犠牲を捧げてリベルスを得た「サクリフィカティ」など、その棄教の程度に応じた悔悛が求められることになった。同時代のアレクサンドリアの監督ディオニュシオスの書簡にも、迫害時の棄教者を一定期間聖餐に与れない「傍らに立つ者」とするといった対応が確認される(エウセビオス『教会史』第六巻四二章五節)。

キプリアヌスの監督としての活動は一〇年ほどのことになるが、その間彼が関わった主な問題は、棄教者の復帰と異端者による洗礼問題であった。彼は抽象的な思考よりも、実際的な思考にすぐれ、人の心の機微を感じ取ることができたのであろう。とくに倫理面の聖潔を説くところに特徴がある。棄教者の教会復帰については、悔悛の必要を訴え、何もしないまま教会復帰させることには反対した。この点について、長老のフェリキッシムスは同調者を募って反対し攻撃したが、キプリアヌスは教会会議を開いて、この人びとを異端とし、破門に処した。この時に著されたのが、『棄教者』、『教会の一致』となる。

異端者の行った洗礼の有効性をキプリアヌスは否定し、再洗礼の必要を訴えた。ローマの監督ステファヌスはこれにには反対したが、キプリアヌスはステファヌスも同じ監督として同等であると主張し、ローマと対立したという。このときに著されたものが『偉大なる忍耐』である。もっとも、そこでは洗礼問題でなく、もっぱら忍耐と平安とが説かれている。他にテルトゥリアヌスに倣って書かれた『主の祈り』では、主の祈りを福音全体の要約と捉えており、また二五一年以降の疫病蔓延下に著された『死を免れないこと』等がある。彼の書簡は全体で八一通が残されており、当時の問題やキプリアヌスの人となりをよく伝えるものとなっている。

ヴァレリアヌス帝がデキウス帝と同様の迫害を実施すると、キプリアヌスは囚われ、流刑となった。一年後に呼び戻されて再度尋問を受けたとき、供犠犠牲を断固として拒否したため斬首となった。総督が「タスキウス・キプリアヌスは剣によって処罰さるべし」と宣言すると、彼は「神に感謝いたします」と述べて処刑されたという。

『死を免れないこと』

キプリアヌスの著作のなかで代表的なものというと『公同教会の一致』を挙げるべきであろうし、キプリアヌスについて書いたものは必ずと言ってよいほどこの書に言及する。これについては次章で取り上げ、今はこの著作ではなく、講話のひとつである『死を免れないこと』を取り上げたい。訳文は基本的に吉田聖訳を用いる。この講話のなされた年月日は不明であるが、二五一年以降の数年のうちと思われる。正体不明の疫病が流行り（麻疹、天然痘？　ペストではない）、ローマ帝国各地を席巻し、二五一年から二六二年までおよそ一一年に渡って人びとを苦しめた。

このときに教会においてキプリアヌスが講話を残しており、そのためこの疫病は今日「キプリアヌスの疫病」と呼ばれる。疫病の蔓延するなか、監督として彼は何を語ったのだろうか。全体は二八章に分けられているが、逐条的にまとめるのではなく、中心となる思想を見ていこう。

講話の表題は、単純に言えば「死について」だが、吉田訳のとおり、人はすべて死すべきものであることを語る。キプリアヌスにとって疫病はきっかけとなる事象であって、他にも多々いのちの危険は存在するという。そこでわれわれが死なねばならないことを前にしてどのように備えるべきかを語るのである。

まずキプリアヌスは、身体の面ではキリスト者も異教徒も何ら変わるところがないという。つまり人間はすべて同じように病気になり、同じように死に、また飢饉がおこれば同じように飢餓に苦しむ。キリスト者の特徴は身体面にあるのではなく、そうした危機に際してどのような精神で備えるのか、その精神の有り様に特徴があるという（八章）。ここでヨブやトビト（一〇章）、イサクを犠牲にするアブラハム（一二章）、パウロ（一三章）といった事例をもちだしてその特徴として希望に裏付けられた忍耐を説く。一四章には、腹部の流血や連続した嘔吐など病気の症状がさまざまに記されているが、これらすべてがこの疫病の症状だったのか、それとも合併症によるものかは不明に止まる。いずれであれ尋常でないこれらの苦しみは、まさに忍耐の機会となる。

この病苦の忍耐についてキプリアヌスは、とくに「時の贈り物」として「抱きしめる」ように説いている（一四章）。苦も楽もいずれであれ、一切は時間のなかで私たちのもとに去来するものに過ぎない。苦楽いずれも一時のことであって、必ずいつかは去っていく。そこでいずれも平等に見て、好悪にかかわらず、苦しみであっても「時の贈り物」として双手をあげて受け止めるように勧めるのである。

また主の祈りにある「御国が来ますように」や「御心の天になるごとく地にもなりますように」にも言及する（一八章）。忍耐は、御国への希望と神への信愛をもとにするから可能となる。

さらに忍耐と並んで試練、訓練についても語られる。

「愛する兄弟たちよ、この疫病は恐ろしくて致命的なものと見えはするが、各々の正義や心を吟味するために、これほど適切で、必要なことがあろうか。健康な者が病気の者を世話したかどうか、近親者がその親族を愛情をこめて愛したかどうか、主人たるものが使用人の疲労や衰弱に同情したかどうか、医師は懇願する患者を見捨てたりしなかったかどうか。……死を恐れないことを学ぶにつれて、喜んで殉教することを望むようになる。われわれにとってこれは訓練であって、葬儀ではない。……死をものともしないことによって栄冠を準備するのである。」（一六章）

恐らく現実は「世話をしない」、「愛さない」、「同情しない」ことがあたり前だったのであろう。そこでこの疫病が人と人の愛情のこもった関わりを試すよい機会だと敢えて説くのである。こうして忍耐、試練をへて亡くなるとしても、その死は悲しむべき「葬儀」に終わるものではない。なぜなら死は一つの通過点、世からの解放であって、むしろ来世こそがキリスト者の「故郷」であるから、これを待ち望むべきだと説くのである（一九章から二六章）。この時代のキリスト者における来世のリアリティは揺るぎがない。

疫病蔓延によって社会が荒廃していくために、終末を意識するところもあったのであろう。そのなかにあって死を超えた希望をもつように勧め、忍耐を説き、疫病を試練として受け止めて行動するように語りかけるのである。神への信愛が確かなものとなっているからこそ可能となるのはいうまでもない。

25　キプリアヌス（2）――棄教者の復帰問題

二四八年四月、ローマ帝国は建国一〇〇〇年祭を盛大に祝った。それとともにナショナリズムの気運が帝国を覆ったという。このナショナリズムの高揚がキリスト教に対する民衆感情を悪化させることになったと推察される。ただし建国一〇〇〇年祭を祝ったのはフィリップス・アラブス帝であり、この皇帝はキリスト教には好意的であった。ところが、建国一〇〇〇年祭の立役者であったにもかかわらずフィリップス帝は、翌年、反乱を起こしたデキウスに敗れ、帝位はデキウスが継ぐことになった。二五〇年になると新しい皇帝デキウスは、先帝への反発も重なって、ナショナリズムの興隆を背景に全国規模のキリスト教迫害に着手した。

アレクサンドリアの監督ディオニュシオスは、ある手紙の中で、デキウス帝が迫害の勅令を出す一年も前から社会の空気が反キリスト教的になっていたことを報告している。「わたしたちへの迫害は、皇帝の勅令によってはじまったのではありません。それはすでに丸一年も続いていました」（エウセビオス『教会史』第六巻四一章一節）。デキウス帝の勅令は、神殿での犠牲供犠、ならびに供犠の肉食を強要し、その証明書を、子どもを含めたすべての住民に取得するように命じていた。この証明書は「リベルス」と呼ばれ、今日多く出土している。しかしデキウス帝は翌五一年六月にゴート族との戦闘において戦死してしまう。軍隊によってガルスが帝位を継ぐが、深刻な疫病がはじまり、おそらくキリスト教迫害は沈静化していったものと思われる。しかし、二年足らずだったにもかかわらず、デキウス帝のキリスト教迫害は教会に深刻な傷跡を残した。それが棄教者の問題であった。

棄教者の教会復帰

迫害が終息に向かうなか、勅令に従って供犠を捧げて肉を食し証明書をもらった棄教者たちが、教会に戻ろうとする。さらに実際には供犠を行っていないが、賄賂等を使って証明書のみを入手した者もおり、この者たちも棄教者として教会から離れていた。棄教者は「ラプシ」と呼ばれたようだが、なかでも前者は「サクリフィカティ」、証明書だけ入手した後者は「リベラティキ」と呼ばれ、区別されていく。平和が戻ってくるとこの人びとが教会に戻ることを希望するのだが、そこで悔悛の問題が生じたのであった。

悔悛はすでに『ディダケー』にも確認できる（一四章、一五章）。そこでは毎日曜日に聖餐の前にまず罪の告白をするようにという。しかしこの悔悛の制度は、デキウス帝の迫害をへて整備されていくことになった。キリストから離れ、教会から離れた者がふたたび交わりに戻ることが問題となったのである。

カルタゴのキプリアヌスは、デキウス帝の迫害がはじまると、牧者が死していなくなることを懸念し、自ら身を潜めた。デキウス帝が亡くなったのでカルタゴに戻ったが、彼を待っていたのが、夥しい数の棄教者の教会復帰問題であった。

カルタゴではこの問題について、そのまま復帰させたらよいという意見をもつ者たちがいたという。こうした人気取りの穏健派に対して、一定の悔悛を経ることで復帰を認める中道派が存在し、さらにローマには復帰を絶対に認めない厳格主義者も存在した。カルタゴでは穏健派と中道派が対立し、他方ローマでは中道派と厳格主義者とが対立し、教会分裂を惹き起こした。ローマの監督であった中道派のコルネリウスに対抗して、厳格主義者のノヴァティアヌスは監督を自称して新しいグループを形成していった。ノヴァティアヌス派は異端派として、しばらくのあいだ命脈を保つことになる。ちなみにその昔テルトゥリアヌスは、モンタヌス主義者に対しては偶像礼拝や殺人、姦淫について「赦されざる罪」とするところがあり（『貞潔論』五章一五節等）、厳格主義者であったという。

さてこの時、カルタゴにおいて穏健派は長老フェリキッシムスが指導者となって、とくに五名の長老とともに監督のキプリアヌスに対峙した。五名の長老はそもそもキプリアヌスの早期の監督就任に反感を抱いていたといわれ、なかでもその一人ノヴァトゥスは後にローマに赴きノヴァティアヌスの協力者になったという。ローマでもカルタゴでも正統派を形成するのは教会の伝統、慣例を守った中道派であって、そのためどれだけの悔悛が必要なのかが整備されることになっていく。以下これに関わる、同時期に著された『公同教会の一致』と『棄教者』の二著作を取り上げ、棄教者の復帰問題について見ていくことにする。なお引用は吉田聖訳を用いる。

『公同教会の一致』

二五一年カルタゴに戻ったキプリアヌスが着手したのは、棄教者の復帰問題であった。とりわけ穏健派との対決は避けられないものとなっていた。結局フェリキッシムスたち穏健派は異端宣告を受けることになる。キプリアヌスの断固とした態度は教会の分裂を防ぎ、その一致を守ったのであった。この著作は二七章からなり、さまざまな比喩、事例をもとに教会の一致を述べている。

キプリアヌスの教会観は、ひと言で表すなら、「教会の外に救いはない」(第七三書簡二一節)に要約されよう。教会をあたかも天へと開いたただ一つの窓、天に至る唯一の道として捉えている。一五〇年ほど後に、そこにはよい麦も毒麦もあるとしたアウグスティヌスの教会観とは時代が異なるというべきであろうか。

キプリアヌスはこの著作の中でも「教会を母としてもたない者は、神を父としてもつことができない」(六章)という。教会を母として表象する代表的なテクストになるが、教会の一致をいうときこの「母」のイメージは重要であって、家庭の中にあって母から離れる者には死のみが残されているという。キプリアヌスによって母なる教会はくり返し言及されることになる。監督の下での一つの教会という彼の理念は、異端を認めず、教会の一致を徹底して求めていくことになる。さらに教会から離れる者は、たとえ殉教しようとも救いには至れないとさえ述べる(一四章)。「神は唯一、キリストはただ一人、教会も信仰もただ一つである」(二三章)。

なおこの著作の四章には、教会の一致を主張するあまりローマの監督の「首位性」（プリマトゥス）を述べる行のあるテクストと、これがないものと二系統あることでも有名である。こうしたテクスト間の相違は、今日キプリアヌス自身に帰されている。つまり元来「ペトロに首位性が与えられた」と書いたものの、後に異端者の再洗礼問題でローマの監督ステファヌスと意見が対立するに及んでこれを書き換えたという。しかしたとえ前者であったとしても、その意図は教会間におけるローマの監督の首位性をいおうとしているのではなく、監督を中心とした教会の一致を述べようとしていることに違いはない。ちなみに吉田訳は、書き換えられたテクストを訳している。

『棄教者』

『棄教者』はカルタゴの教会会議の場で述べられたとも、信徒を前にして述べられたともいわれるが、二五一年に著された。全体は三六章からなっているが、各章は比較的短く、議論も明快に進む。

冒頭「愛する兄弟たちよ、ごらんなさい。ついに教会に平和が戻って来た」とはじまり、迫害下に信仰告白した者たち、また殉教者への称賛がつづく。四章になって「深い嘆きと悲しみをもたらすものが一つだけある。それは、暴力を振るう敵が、われわれの内臓を引き裂き、略奪し、投げ捨ててしまったことである」と述べて、棄教者に寄り添いつつ問題に言及する。

ここで論じられる棄教者のほとんどは拷問の末に棄教した者ではない。むしろそれなら、精神ではなく肉体において敗れたのだから「容易に赦しを受けるであろう」とキプリアヌスは述べる（一三章）。「多くの人は戦う前に敗れ、攻撃される前に降参したのだ」（八章）。つまりやむを得ず、苦しみのため仕方なくではなく、事前に各人の意志（ウォルンタス）で棄教したという（一四章）。「彼らは進んで公共広場に駆けつけ」たのであった（八章）。その背景としてキプリアヌスは信仰の弛緩を論じていた（六章）。監督（サケルドティ）ですら「信仰に献身せず、他の聖職者たちの信仰も健全ではなく、愛の業にも憐れみが欠け、その振る舞いには規律がなかった」という。こうした弛緩した状況に対してそもそも迫害は試練であり（五章）、各々の信仰が試されたという。信仰に堅く立った殉教者、信仰告白者、またそのいずれでなくとも逃亡はできる。おそらく自身のことを含めて、諸事情がある場合は逃亡を認めている。「キリストの内にありながらしばらくのあいだだけ離れる者は、自分の信仰を否むことなく、かえって時機を待っているのである」（一〇章）。

このような事態において監督の務めは、棄教者について表面的にその傷を覆ってしまうのではなく、痛みを伴っても膿を出し、根本を治療することにあるという（一四章）。安直な赦しについては「憐れみという名の下に偽り欺く悪と、へつらいの破滅が山のように積み重なって押し寄せてきたのである」という（一五章）。赦しの前に真摯な悔悛が必要とされる。ただし悔悛なしに交わりに復帰することの弊害を説くために、キプリアヌスが挙げる少女の死などの出来事は（二四章から二六章）、いささかグロテスクですらあって、時代を感じさせる。それでも彼のいわんとすること、すなわち罪の告白が必要であること、隠し事をせずに心を開いて告白することが大事であることは本質を突いたものであろう。

この著作では悔悛の期間についてまでは述べられていない。それぞれ罪の度合いに応じて一定期間の悔悛の必要が述べられている。「苦痛に耐えかねて病人が大声で叫び、わめいても、訴えてもよい。あとで健康を回復したと感じるとき、きっと感謝するであろう」（一四章）。棄教の罪は赦されない大罪ではなく、いかなる場合でも悔悛するのであれば必ず最後には赦される。神の前に告白をし、悔悛の時を過ごすなら神は必ず赦しを与えてくださるという（三六章）。

アイデンティティをめぐる戦い

棄教者についてキプリアヌスは「ああ、哀れな者よ。あなたが失ったのは、自分の魂なのだ。霊的に、あなたは死んでしまったのだ」（三〇章）と述べていた。最後に「魂の死」という観念についてアイデンティティの視点から考えてみたい。殉教や棄教の問題は、実はアイデンティティの問題に帰着する。

デキウス帝が勅令をとおして求めたものは、おそらくローマ市民としてのアイデンティティであり、偶像礼拝、犠牲供犠はローマ市民としてのアイデンティティを証明するものであった。皇帝礼拝にしても、何も皇帝が文字通り不死なる「神」であると考えられていたはずはなく、あくまでもローマ社会のかなめである皇帝への敬意を意味する。ローマの伝統を大切にし、ローマ市民として社会の安寧に参画することを意味していた。

他方キリスト教は皇帝のために祈るが、社会の中心には世界の神がいると考えたのであって、この神との交わりは教会において他にはないとする。そこではローマは相対化されてしまう。これが露骨に表面化するのが軍隊であったのだろう。皇帝にとって「キリスト者である」との信仰告白の問題はそういうことであった。

キリスト者であることは、キリストを信じ交わる者のアイデンティティを形成し、供犠はもちろん、証明書を入手することであっても、このアイデンティティを損なってしまうとキプリアヌスは考えた。なぜならそれは皇帝の求めたローマ市民としてのアイデンティティに与することになるからである。くわえてこれにより個人の社会生活は保障され、財産、栄誉も保つことができる（六章）。しかしそれでは「キリスト者である」ことが保たれない。棄教者は結局このアイデンティティを喪失したと見なされ、この意味で自己を喪失し、魂を失ったといわれるのである。したがって悔悛において求められたものは、このアイデンティティの再構築でなければならず、それが確認されてはじめて復帰が認められるべきだったのであろう。

26 大ディオニュシオス——疫病蔓延期を生き抜いた監督

古代キリスト教史のなかで「ディオニュシオス」というと、まず思い浮かぶのがディオニュシオス・アレオパギテースであろう。使徒言行録に記されているアテナイの議員ディオニュシオス（17章34節）の名を借りて記された一群の文書（『神名論』『教会位階論』など）が存在しており、それらの著者と目される人物である。その著者は恐らくは六世紀のキリスト者で、新プラトン主義の影響を受けた、神秘思想に傾いた思想家であったといわれる。

しかし、実はもう一人、同名で、しかも「大」のつくディオニュシオスがいる。すなわちアレクサンドリアの監督の大ディオニュシオスである（なお他にはコリントの監督とローマの監督にも同名の者が確認できる）。彼こそは二五一年から二六二年までローマ帝国を席巻した疫病に遭遇した監督であって、その時の様子を記した書簡が残されている。

大ディオニュシオスとは？

大ディオニュシオスといっても、普通、教父学で取り上げる場合ほんの数行で語られることが多い。その理由は、著作がほとんど残存せず、その神学の細部が不明だから。しかしカイサリアのエウセビオスは、その『教会史』のなかで「偉大なるディオニュシオス」と述べ（第七巻一章一節）、多くの頁を割いている。『教会史』第三巻二八章、第六巻二九章以下、第七巻三二章まで数多くの引用を含めて論じており、ディオニュシオスについて主要な資料となっている。

ディオニュシオスはオリゲネスの許で学んだ学徒であり、二三一年頃にヘラクラスの後を襲ってその教理学校の塾頭になった神学者である（『教会史』第六巻二九章四節）。つまりパンタイノス、クレメンス、そしてオリゲネス、ヘラクラス、ディオニュシオスという順序になり、アレクサンドリア学派の正統な継承者となる。そして二四七年になると監督職を引き継ぎ（同三五章一節）、以後一七年間、二六四年頃に亡くなるまでアレクサンドリアの監督を務めた。しかもその一七年間はまさに激動の時代であって、デキウス帝やガルス帝、ウァレリアヌス帝治下の過酷な迫害を経験し、二六〇年からはじまるガリエヌス帝の単独統治の平穏な時期には、今度は内乱や疫病に悩まされ、これらに耐え、そして乗りこえた人物なのである。

神学者としては、終末論をめぐってアレゴリカル解釈を擁護するため異端者ネポスへの反駁となる『約束』二巻、また三位一体論に関する『反駁と擁護』四巻、また書簡形式で書かれた『自然について』、また『誘惑』などを執筆したという。しかしこれらの著作はいずれも断片でしか残存しない。また三〇通を超える書簡を残しており、それらのほとんどは断片的にエウセビオスの『教会史』に引用されている。そこでは教会に生じた諸問題が扱われ、棄教者や悔い改め、再洗礼の問題、教会分裂の回避などが論じられ、ローマを含めて各地の教会へ求められるままに意見を送っていた。その意味では同時期に活躍したカルタゴの監督キプリアヌス（二五八年殉教）

に匹敵する。そして疫病に関しても、キプリアヌスと同様に彼は文書を著しているのである。疫病終息後、アンティオケアでサモサタのパウロスの養子説が問題となったときに意見を書き送ったといわれ、その後まもなく二六四年頃に亡くなったものと思われる。

疫病蔓延

ローマ帝国史の古典的名著といえば、エドワード・ギボンの『ローマ帝国衰亡史』が挙げられるが、その第一〇章の最後に次のような言葉がある。「だが二五〇年から二六五年にかけて帝国全土のあらゆる属州、あらゆる都市、そしてほとんどすべての家庭を、間断なく荒らしてまわった猛烈な疫病については、明らかに他の原因もあったはず、ある一時期などはローマ市だけでも、五〇〇〇人の人間が死んだというし、……明らかにアレクサンドリア市住民の過半が死んでいることになる。今この推理をかりに他の属州にまで拡大してよいとなれば、おそらくわずか数年間に、戦争と疫病と飢饉とが、実に人類の半ばを殺していたと見て誤りなかろう」（ギボン『ローマ帝国衰亡史I』四七三頁以下）。ここでギボンが言及する疫病は二五一年から流行しはじめ、最後はアレクサンドリアで二六二年に終息したと考えられるもの。実は流行期間を一五

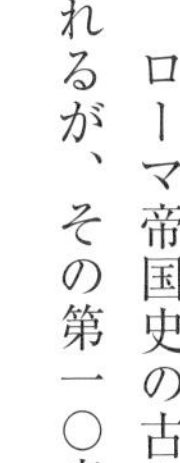

疫病平癒を願って発行された貨幣のひとつ。253年から255年に発行のアントニニアヌス銀貨。表面（左）はウァレリアヌス帝の像、裏面はアポロン神で「APOLINI CONSERVA（アポロよ守り給え」と浮き彫りになっている（筆者所有）。

年とする説と一一年とする説とがあるが、筆者は記録を丹念に調べ、近い時代の史料をもとに一一年説をとる。後代の史料には疫病＝天罰説が見られ、その嚆矢は五世紀のオロシウスになるが、同時代の史料にはそのような言説は一切見られない。またカルタゴの監督キプリアヌスがこの疫病期に講話『死を免れないこと』を残していることから、「キプリアヌスの疫病」と呼ばれる。当時の記録からその症状を確認するなら消化器系の疾患であって、決して呼吸器系のものではないものの、病名の特定は不可能である。この疫病の全体像について筆者の研究成果は左記にまとめられる（『救貧看護とフィランスロピア』補遺2を参照）。

二五一年六月にガルス帝が即位すると間もなく、七月頃にこの疫病は流行しはじめた。共治帝ホスティリアヌスはローマでこの疫病に倒れた。ガルス帝は疫病で亡くなった貧者の埋葬を行い、市民の人気を得た。二五三年に暗殺者アメリアヌス帝が即位するが、疫病はまだ終息していない。同年アメリアヌス帝はウァレリアヌスに倒され、ウァレリアヌスが帝位を継ぎ、息子のガリエヌスを共治帝とする。疫病は終息することなく、カルタゴでも流行し、その最中監督のキプリアヌスは講話『死を免れないこと』を信徒の前で語り、死を恐れず、希望と共に看病に励むよう促した。二五九年頃にポンティウスが『キプリアヌスの生涯』を執筆し、疫病についても報告するが、このときカルタゴでは疫病は終息していた。しかし疫病は帝国全土を移動しながら流行しており、二六〇年になってもローマでは未だ完全に終息していなかった。二六〇年六月ウァレリアヌス帝はペルシア遠征においてシャプール一世に敗れるが、それはローマ軍の陣営内がすでに疫病によって酷い打撃を受けていたためだという。二六〇年の冬にアレクサンドリアでは疫病が蔓延し、翌六一年三月までに大量の死者を出す。それは六二年三月にも終息していない。なお同年にはローマやギリシアでも疫病の被害はなお甚大であったようである。その後この疫病についての史料は見当たらず、六二年の終わりごろには疫病はようやく終息したものと考えられる。

ディオニュシオスによる疫病とキリスト教

エウセビオスはその『教会史』第七巻のなかで、復活祭を前にディオニュシオスがアレクサンドリアの教会の人びとに宛てて書いた書簡を二通引用している。一つは二六一年の復活祭前のもの（二〇章と二一章にある）で、もう一つは翌六二年の復活祭前のもの（二二章にある）と推定される。前者では、疫病のはじまりとその猛威が描かれていて、ギボンの記すアレクサンドリアの様子はこの書簡に拠る。

事の発端はアレクサンドリアにおいて勃発した内乱であったという。街が二分され、大通りを境に二派に分かれて騒乱が起こる。夥しい数の人が殺害され、そのためナイル河が血で染まり、河口から汚臭がたちこめ、それが原因となって疫病が発生したのだろうとディオニュシオスは推測する。彼は、他方の地域に居る信徒や教会を訪問できないので、届くかどうかも分からないが書簡をいくつかしたためた。そのうち監督ヒエラックス宛の書簡の一部が、ここで最初に引用されているものとなる。そこでは疫病の発端のほか、疫病による夥しい数の死者が具体的に報告され、穀物配給の受取人の数について疫病以前の四〇歳から七〇歳の人数の方が、疫病後の一四歳から八〇歳までの人数を上回っていたという。つまり疫病以前の三〇年間の人びとの数の方が、以後の六六年間の人びとの数を上回っているというので、単純に考えて人口が半数以下になったことになる。そのため人びとは生きる気力を失い、無気力、無感覚になったという。

翌年、復活祭を前に今度は教会に宛てて書簡を書いたという。「ああ、今やすべてが服喪し、すべての人が悲しんでいます」と述べつつ、教会は復活祭の祝祭のときを迎えているという。祝祭を控える議論はなく、むしろ、迫害のときでも殉教を称えるこの人びとにとって、疫病も何ら復活祭を妨げるものではない。疫病も迫害や飢饉と同様のものと捉えられており、これらの災禍がキリスト者であることを妨げることはないという。むしろ疫病は「他（の災禍）に劣らない訓練と試練」となったという。試練とは、この苦難の時にもなお愛を保てるかどうか、訓練とはその愛を保つための修練、業（わざ）ということになろう。疫病を前にして「わたしたちの兄弟の大半は、あふれんばかりの愛と兄弟愛から、骨惜しみせずに互いのことを思いやりました。彼らは危険を顧みずに病人を訪れ、優しく介護し、キリストにあって仕え、そして、彼らとともに喜びのうちにこの世を去って」いった。こうした行動についてディオニュシオスは「決して殉教に劣るものではない」とたたえる。そして亡くなった人びとを「抱擁し、湯灌し、死装束で飾ってやりましたが、彼ら自身もしばらくして同じことを」してもらったという。これに対して異教徒たちは、病人を「敬遠し、最愛の者たちから遠ざかり」、「半死の者を路上に投げ出し、葬られていない死体を手ひどく扱いました」。こうしてこの人びとも疫病を避けようとしたのだが、「どんな手だてによっても容易に逃れられませんでした」とむすんでいる。なお宗教社会学者のロドニー・スタークはこの疫病をきっかけに三世紀後半キリスト教が躍進したことを論じている（『キリスト教とローマ帝国』第四章、またマクニール『疫病と世界史　上』二〇〇頁も参照）。

ディオニュシオスの書簡を読んで、いま二つのことを考えるべきだろう。

一つは、死をどのように位置づけるのか、である。この人びとにとって死は天への通過門でしかない。この価値観、人生観がキリスト者の強みであって、二世紀以降度重なる迫害においてもローマ帝国を苛立たせるものであった。この世の生、生命を絶対視することなく、むしろ自分の人生設計を死の向こう側に伸ばして考えることができたのが、その特長であった。さて現代に生きるキリスト者にとって希望とは何であろうか。

もう一つは、ディオニュシオスの視点が、疫病にかかった者を前にしてどのように振る舞うのかに絞られていることである。見捨てるのか、それとも寄り添うのかである。死を恐れずに寄り添い、直の交わりを実践することの是非が問われる。ここでは感染した人の視点、また治癒した人も話題にならない。もっぱら感染した人を前にして死を恐れずキリスト者が徹底的に寄り添ったことに関心が集中している。さて、現代に生きるキリスト者は被感染者を前にしてどのように考え、行動すればよいのだろうか。

それにしても感染拡大当初、特徴的であったことは、「他人に感染させない」という視点であり、これが最優先される社会倫理となっていた。そのため接触を避け直に会わないようにという。ディオニュシオスの時代には考えられない事態に至っていた。この状況下で「愛」とは一体何だろうか。少なくとも被感染者（症状のない人までも）が悪人扱いされるようなことがないように願いたい。またいかなる場合でも、病人が安心して治療を受けられるように祈り求めたい。

27 グレゴリオス・タウマトゥルゴス——師への思慕と神の受苦の神学

「さればちょうど火花が私どもの魂の最中に落ちたように、ある愛が、即ち名状すべからざる美をもって何よりも魅力ある、いとも慕わしき、聖なる御言に対する愛、またその友にして代理者なるこの人に対する愛が燃え揚った。」（『謝辞』六章八三節）

格調高い訳文にもまして、この情熱的な言葉を述べたのは、グレゴリオス・タウマトゥルゴスである。二〇代半ば、師オリゲネスの許を辞するに際して述べた謝辞の一部であって、一〇代の終わりごろにオリゲネスと出会ったときのことを回想する行である。その時グレゴリオスは運命的な出会いを遂げた。「運命的」というのは、オリゲネスとの出会いがまったくの偶然であったからで、たまたま聴講したことで、その人生は考えていたものとはまったく異なる道を辿ることになった。つまり法律家として世俗の成功を夢見ていたところが、キリスト教神学・哲学を学び、その後は故郷においてオリゲネスのような哲学的生活を送り、さらに監督として福音伝道者となったのである。冒頭の引用は、聴講を重ねる中で生じたグレゴリオスの心境の変化を物語っており、一種の回心体験と呼ぶことができるものとなっている。これによって「私にとって素晴らしいものであった法律そのものをすらも棄て、またわが故郷も友人も、その時共にいたものも、またかつて別れた友人達も、これを顧みまいとの気になった」という。こうしてグレゴリオスの心の中に愛が点火した。この火をグレゴリオスは大事にし、生涯これを灯しつづけたのであった。

生涯と著作

グレゴリオス・タウマトゥルゴスの前半生については、彼自身の『謝辞』が比較的まとまった論述をなしている。またエウセビオスの『教会史』第六巻三〇章、第七巻一四章と二八章が、断片的な記事ではあるのだが、オリゲネスの門下生の時代と監督となった時代のグレゴリオスを描いている。

生年は二一〇年から二一五年の間と想定される。場所はポントスのネオカイサリアで、かなり裕福な家であった。一四歳のときに父が亡くなるが、修辞学の教育は継続されている。名の不明な姉がひとり、そして弟はアテノドルスと伝わる。なおグレゴリオスも本名はテオドロスであり、異教徒の父が「神からの授かりもの」として付けたものであろう。父についてグレゴリオスは「迷信的」と述べている。なお「グレゴリオス」は洗礼時の名であって、洗礼時に名を付けたかなり古い事例となる。

姉の夫がパレスチナ総督の秘書官として赴任し（『謝辞』五章六五節）、その後を追って夫のもとに赴く姉に随行したという。そのさいグレゴリオスは弟とともにベーリュトス（ベイルート）にてラテン語とローマ法を学ぶ予定であった。ところがパレスチナに赴いたところで、カイサリアのオリゲネスの講義を聴講する機会があり、人生に転機が訪れた。オリゲネスの許に留まって哲学と神学の勉強をすることになったからである。五年の学びの後、オリゲネスの許を辞することになったグレゴリオスは師の前で謝辞を朗読する。これが今日『謝辞』として伝わるもので、二三八年頃と推定される。この頃までには受洗していたようである。ポントスに帰還したのちも哲学的生活を続けていたが、アマシアの監督ファイディモスによってネオカイサリアの監督に叙階されたという。なお時期は不明だが、弟のアテノドルスもポントスで監督となっている。その後デキウス帝の迫害（二五〇年から五一年）のときには逃れ隠れていたらしい。また二五七年頃ゴート族の侵攻のときには牧会のための書簡を記している。その後二六四年のアンティオケアの教会会議に出席し、サモサタのパウロスの問題を協議している（『教会史』第七巻二八章）。しかし二六八年の同会議には出席した記録がなく、病のため臥せっていたのかもしれない。その死は二七〇年から七五年の間、アウレリアヌス帝のときとされる。なおグレゴリオスは当初「大グレゴリオス」と呼ばれ、五世紀を過ぎる頃に監督時代の伝承から「タウマトゥルゴス」（奇跡行者）との呼称が付くようになった。彼の伝記は、祖母がグレゴリオスからキリスト教を教授されたというニュッサのグレゴリオス（三三五年頃から三九〇年頃）によって書かれた『グレゴリオス伝』があり、その他にもシリア語やアルメニア語で著されたものが残されている。なおカイサリアの大バシレイオスもニュッサのグレゴリオスも、自分たちの祖母を通したグレゴリオス・タウマトゥルゴスの伝統には相当の誇りをもっていた。

グレゴリオスはどちらかというと著述家というより実践家となった。とくに監督となった後は伝道に邁進し、亡くなる頃にはネオカイサリアの大半の人がキリスト者になっていたという。当初キリスト者は数えるほどだったというから驚異的な成果である。著作として伝わるものの真偽は研究者間で一致しない。一九九八年に英語訳を出したマイケル・スラッサーに従うなら[1]『伝道の書のメタフラシス』、『牧会書簡』、『謝辞』、『テオポンポスへ』、『フィラグリオスへ』が真筆と判断される。しかし『タティアノスへ』、『エゼキエル書の用語集』、『信仰告白』（ニュッサのグレゴリオスの『伝記』に記載）は偽書とされる。とりわけ『信仰告白』はアンリ・クルゼルやクァステンによって真筆に数えられるが、むしろニュッサのグレゴリオスがネオカイサリアの人びとにニカイア信条を浸透させるために書いたものと考えられる。もちろん内容面では伝えられたものがあったのであろうが。

執筆年代が分かっているものは『謝辞』と『牧会書簡』であり、前者が二三八年、後者はゴート族がネオカイサリアを襲った二五七年頃とされる。他はまったく分からないが、『牧会書簡』を除いて監督になる以前のものであろう。『牧会書簡』はゴート族がネオカイサリアの住民を襲い、様ざまな残虐行為をしたために、信仰に反した行いを強いられた人びとへの助言を記したもので、決議論的な内容となっている。

『伝道の書のメタフラシス』は、伝道の書、つまりコヘレトの言葉の短い注釈を含んだパラフレーズとなっていて、ヒエロニムスは『謝辞』と並んでグレゴリオスの著作に数えている（『著名人』六五章）。『テオポンポスへ』は、神の受苦性とアパテイアを論じた比較的長い哲学的著作だが、シリア語のみで残存している。また『フィラグリオスへ』は、三一論を扱い、父と子と聖霊の同本質性を論じたものとなっているが、クァステンは偽書とする。

邦訳は三つあり、『謝辞』は有賀鐵太郎訳がその『オリゲネス研究』の付録として公になっている（有賀鐵太郎著作集1、四四三—四八八頁）。また『信仰告白』と『テオポンポスへ』が小高毅訳で出ている（『中世思想原典集成1　初期ギリシア教父』六三一—六五八頁）。冒頭の文章を含め、引用はこれらからとなる。

『謝辞』

この著作は、オリゲネスの許を辞するとき、その学恩に報いるため師を前にしてなされた（一六章一八四節）演説文となっている。最初拙い言葉より沈黙がよいと言いつつも（一章と二章）、感謝を言葉にしない忘恩は麗しくなく、少なくとも感謝の志を伝えるべきだという（三章）。ここまでが序となる。

そして神への感謝、キリストへの感謝、そして師オリゲネス、さらに彼を導いた守護の天使への謝辞がつづく（四章）。幼少期からオリゲネスとの出会い（五章、六章）、さらにオリゲネスの教育の様子が語られる（七章）。オリゲネスには「どこか柔しい恩愛と人を動かさねばやまぬ力と必然とが渾然としてあった」という（六章七八節）。また自分とオリゲネスとの出会いを、ヨナタンとダビデとの出会いになぞらえている。オリゲネスから弁証法、自然哲学、数学、天文学を教わり（八章）、さらに倫理学を学ぶことで賢慮、節制、正義、勇気といった徳を学んだという（九章から一二章）。グレゴリオスにとって「この人は私に勧めてギリシア人の哲学を学ばしめた最初かつ唯一の人であった」という。この時代の哲学は生活を整えることを含め、さらには敬虔さに至るものであって、その目標は「心を潔めて神に似せられ、神の御前に出て、神の中に留まらんことと」であるという。こうして最終的に「神学」について教わったという（一三章）。ただ哲学者たちの堕した実態を批判し決してそこから学ぶのではなく（一四章）、聖書から神のことを学ぶのであって、オリゲネスは「聖書に多い難渋難解の箇所を説明解釈してくれた」という（一五章）。

こうしてグレゴリオスはオリゲネスの許での学問の楽しさから「この人は私共にとってはまさに楽園であったのだ。それは神の大楽園の縮図である」という。そのためオリゲネスの許を去ることは楽園追放に等しいことと思われた。それは「真の父の家」から「わが父の家へ」と去ることであり、またバビロニア捕囚に等しいという（一六章）。ただし希望をキリストに置き、守られることを確認する（一七章）。ここまでが謝辞の内実だといえる。つづく一八章、一九章は締めくくりの辞であり「おお敬慕の人よ、今立ち上がり、祈りをもって私共を去らしめ給え。君が御許において聖き御教えをもって私共を守り給いし如く、ここを立ち去る後にもまた祈りをもって私共を守り給え」と終わる。

以上全体は一九の章から成り立っている。師を心から愛する弟子の渾身の謝辞であって、古代キリスト教文学史上類を見ないユニークなものとなっている。

『テオポンポスへ』

この書はシリア語でしか残存しないものの、キリスト教思想における神論の特徴を示すテーマを扱っている。ギリシア思想は神をアパテイア、不受苦とすることで何ら問題を認めなかったが、キリスト教思想は歴史の中で人びとと関わる神、また十字架のイエスを神と告白する以上、神のパトスを問題とせざるを得ない。このテーマはアレクサンドリアのクレメンス、さらにオリゲネスにおいても認められるものであって、この『テオポンポスへ』の背景にはオリゲネスの思想が想定される。従って、内容上オリゲネスの許に留まっていた頃に近い時期、少なくとも監督就任前の哲学的生を営んでいた時期に執筆されたと推定される。

十字架のイエスの受難・受苦を見かけのものとする仮現論等を異端としつつ、キリスト教思想は神の受苦性を肯定する。他方でギリシア思想を受け継ぐ立場では神の不受苦を認めざるを得ない。ここに神は受苦可能であるのか、それともやはり不受苦であるのかという問題が生ずる。『テオポンポスへ』はまさにこの問題を扱うのである。この問題は、人間救済のための受苦へ向かう神の意志と神の不受苦の本性の対立という形態で取り上げられる。そこでグレゴリオスが記すのは、神の意志の絶対的自由であって、受苦を意志することをその本性が妨げることはないという。むしろそのような不自由こそ神を苦しめるものとなろう。そこで意志の自由を担保したところで、では神において受苦と不受苦とはどのような関係にあるのかが問われる（二節から五節）。

この難問に対するグレゴリオスの出した答えは、神は不受苦であるがゆえに受苦が可能であるというものである。

「神の内に受苦は認められないが、そのいとも至福で不受苦の本性と対立することなしに、自分が意志することで人類の共通善のために受苦を自ら耐え忍んだのである。実に受苦の内にその

不受苦が明らかにされた。」（六節）

グレゴリオスはこれをいくつかの事例を挙げて説明する。たとえば医師は自分の身を忘れて患者に向かう。それは、自らにおいて医師としての立場を変わらず弁えることによって、患者に向き合うことができるからだという。つまり自己において不受苦、不動であるからこそ、他者に向き合うこと、他者の苦を引き受けることができるのである。

「この方は、自ら進んで自分の内に人間のもろもろの受苦を受け入れ、しかも人間のもろもろの受苦から生ずる悲嘆を自ら耐え忍びつつも、そのもろもろの受苦にあっても同じものであり続けたのである。実に、常に同じものであり続けるこの方は神である。」（一〇節）

同じ思想はオリゲネスにも確認できるが、オリゲネスにはこれを主題化した著作はない。この作品はグレゴリオスの哲学的才能を十分に示すものとなっている。

（1）M. Slusser, Fathers of the Church: St. Gregory Thaumaturgus Life and Works, The Catholic University of America Press, 1998, p.5.

28　カイサリアのエウセビオス（1）——本格的な教会史家の誕生

イエスの兄弟というと、エルサレム教団の柱であった義人ヤコブ、そしてもうひとり、「ユダの手紙」のユダが知られている。

では、そのユダの消息についてはどうだろうか。

ドミティアヌス帝のキリスト教迫害は有名だが、どうやらこの皇帝はユダの孫たちを拘束し、尋問したことがあるという。キリストの来臨を恐れたためだというが、皇帝はまず彼らの財産について尋ねたらしい。彼らの答えは九〇〇〇デナリオンだが、現金ではなく、「わずか三九レプトンの土地の評価額のことであり、自分たちはそれから税金を払い、手ずから働いて暮らしている、と。そして……手や、頑健な肉体や、耐えざる労働のためにできた手のたこなどを（皇帝に）見せた」。また神の国について尋ねられると「それはこの世のものでもなく、この地に属するものでもなく、天に属する天使的なものであり……終わりの時に起こる、と」。満足な財産ももたない農民でどうやら自分を脅かすことはないと安心した皇帝は、彼らを解放し、またキリスト教迫害を中止したという。このエピソードは二世紀半ばのヘゲシッポスの『ヒュポムネマタ』に書いてあったらしいが、残念ながらこの著作は散逸している。しかしカイサリアのエウセビオスがこの話を『教会史』に再録しており、おかげで今に伝わっている。

古代キリスト教史を学ぶ上でエウセビオスの『教会史』は必携の書である。これまで論じてきた教父についても、エウセビオスはどのように記しているのかを必ず確認してきた。エウセビオスは一定の準備をへてこれを執筆しており、しっかりした骨組みにより各巻を構成し、歴史家として一流の仕事をなした。一定の準備とは『年代記』のことであり（『教会史』第一巻一章六節）、骨組みとは主な地域の監督の在位期間、あるいは皇帝在任期間への言及である。中心となる一つの地域が定まってはおらず、エウセビオスは主要都市の監督や皇帝の在任期間をその都度挿入することで、おおよその年代を表示して、いわば編年体で全体の論述を進めることに成功している。加えて、たとえば第五巻ではエイレナイオスが、第六巻ではオリゲネスとアレクサンドリアのディオニュシオスが叙述の中心軸に据えられている。さらにそこに記されているさまざまな出来事や抜書きは、他には見いだせないものが多く、貴重な情報源となっている。もちろん欠点はある。その反ユダヤ主義は随所に確認されるし、また、カルタゴについてはまったくと言ってよいほど記述がない。テルトゥリアヌスはローマの人となっているし（第二巻二章四節）、殉教者ペルペトゥアについては記事がなく、キプリアヌスについても記述は僅かである（第六巻四三章三節と第七巻三章一節）。にもかかわらず、やはりエ

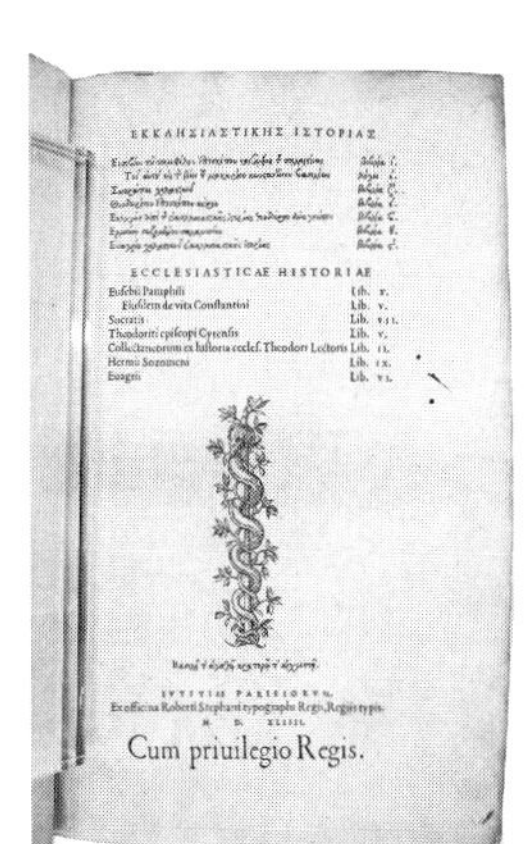

1544年にパリで刊行されたエウセビオス『教会史』の最初の印刷本（関西学院大学図書館所蔵）。

ウセビオスの『教会史』は記念碑的労作なのである。なぜならそもそも「教会史」というカテゴリーを創出したのがエウセビオスであり、まさに「人跡未踏の道」を切り開いたからである（第一巻一章一節）。このゆえに正しくもエウセビオスは「教会史の父」と呼ばれる。邦訳は、秦剛平訳が出ていて大変貴重である。これまで同様、引用は秦訳を用いることにする。

エウセビオスの前半生と『年代記』

三四〇年頃に亡くなったエウセビオスは、二六〇年から二六四年のあいだに生まれ、また生地はカイサリアと思われる。はやくから歴史を学び、カイサリアのパンフィロスの許で研鑽を積んだ。パンフィロスが三〇九年二月一六日に殉教すると、エウセビオスは「パンフィロス」の名を継いだ。またオリゲネスが建てたカイサリアの図書館に親しみ、後にパンフィロスからこれを引き継ぎ、その責任者となった。ただし『教会史』に見られる豊富な抜書きや知識は、この図書館ではなくエルサレムの図書館の蔵書を用いてなされている（第五巻二〇章一節）。そこにはよほど多くの書物が収集され所蔵されていたと推察される。ディオクレティアヌス帝とその後のマクシミヌスによる迫害のときに、エウセビオス自身が投獄されたのかどうかは不明だが、逃亡した可能性はない。なぜなら迫害が終息してすぐの三一三年に、カイサリアの教会は彼を監督に選任しているからである。パンフィロスと共にオリゲネスを擁護する弁明書を執筆したが、現存するのは第一巻のみで、それもルフィヌスのラテン語訳でのみ伝わる。

エウセビオスの執筆した史書と言えば、三三七年にコンスタンティヌス大帝が亡くなった後に記された『コンスタンティヌスの生涯』があるが、そこにはマクセンティウスとの決戦を前に十字架の幻とキー・ローの軍旗のエピソードが記されている（第一巻二八章から三二章）。但し、これはエウセビオス晩年の著作である。

これに比して若いとき彼が最初にまとめたのは『年代記』であった。『年代記』は二部構成となっており、第一部は「ギリシア人と非ギリシア人の諸史概要」あるいは「クロノグラフィア」と呼ばれ、カルデア人、アッシリア人、ヘブライ人、エジプト人、ギリシア人、ローマ人といった主要民族の歴史の概要となっていたという。ギリシア語原文は断片を除くと失われ、全体は六世紀のアルメニア語訳のみが残存している。第二部は「クロニコイ・カノネス」と呼ばれ、年表として構成されたものとなっている。先述のアルメニア語訳にはこれも含まれている。さらにこの第二部のみとなるが、ヒエロニムスのラテン語訳が残存している。もっとも、アルメニア語訳と比べてみると、ヒエロニムスのものは単なる翻訳ではなく、内容上加筆され、また三二五年から三七八年までの出来事も加えられている。さらに『年代記』は旧版と新版とがあったようで、旧版は二七六年／七七年までとなっていて三世紀末には公刊されていたという。改訂された新版はコンスタンティヌス帝の在位二〇年祭までを扱っていた。年代記というものはキリスト教の歴史にかぎらず広く世界史を扱い、古くはアンティオケアのテオフィロス（『アウトリュコスに宛てて』第三巻一六章から三〇章）、アレクサンドリアのクレメンス（『ストロマテイス』第一巻二一章）、そしてユリウス・アフリカヌス（二四〇年頃没）の『年代記』があるが、これは今日断片でしか残存しない。なおユリウス・アフリカヌスのものをエウセビオスは参照したと思われる。

エウセビオスの『年代記』の特徴は、千年王国説を採らなかったこと、そしてユリウス・アフリカヌスのように世界創造からではなく、アブラハムの誕生から年表がはじまっている点にある。世界創造などは歴史として年代を定めることができないからで、ここにエウセビオスの歴史家としての批判的精神が反映されている。碩学クァステンはこれについて「テクスト批評に長けた著者の判断」と評価していた（『教父学』第三巻、三一二頁）。

『教会史』の構想

アブラハムからはじまる『年代記』とは異なり、『教会史』はロゴス論からはじまる。ロゴスの神性、そして何よりも受肉について、なぜなら「わたしたちの呼び名はその方に由来する」からという（第一巻一章七節）。また『教会史』は様々な情報を適当に記載しているわけではない。第一巻冒頭で、エウセビオスは扱う主題、対象を限定している。

1. 「わたしたちの救い主の時代から私たちの時代まで連綿と続いてきたときと、聖なる使徒継承」（使徒的伝統）
2. 「教会の歴史の中で記録されている多くの重要な出来事とその性格」（出来事、事件）
3. 「その歴史の中でもっとも著名な教会管区を率い、代表した多数の卓越した人びと」（主要教区の監督）
4. 「それぞれの世代に口頭や文書で神の御言葉を伝える大使になった多くの人びと」（教会著作家）

5.「改革を求めるあまり大きな過誤を犯し、偽ってグノーシスと呼ばれたものの紹介者と称し、凶暴な狼のようにキリストの群れを容赦なく荒らした者の正体と数と時期」（異端派）
6.「わたしたちの救い主にたいする陰謀の直後に全ユダヤ民族を見舞った災禍」（第一次、第二次ユダヤ戦争）
7.「異邦人が神の御言葉に対して仕掛けた多くの戦いとその性格、及びそれが起こった時代」（迫害と殉教）
8.「私たちの時代の殉教と、そのすべてにおいて［示された］私たちの救い主の仁慈あふれる加護」（神の憐れみ）

以上の他に、時々の皇帝の在任期間、さらにさまざまな著作家が何を正典としたのかも随時記されている。こうした主題、出来事、人物について論述されていくが、論述の骨格、すなわち歴史叙述の座標軸となるものは諸地域の監督と皇帝の在任期間によって形成されている。これは『年代記』をまとめる過程で修得した歴史を書くための技法なのであろう。おかげで、おおよそどのあたりの時代なのかが随時わかるようになっている。

『教会史』の全体は一〇巻から成っているが、第七巻までがエウセビオスから見て過去を扱い、第八巻から一〇巻がエウセビオスと同時代を扱う。第七巻まではディオクレティアヌス帝の治世下、三〇三年以前に完成していた可能性が高い。そしてその後コンスタンティヌス帝の登場により新しい視野がひらけたのであろう、彼は自分が目の当たりにしている時代を描く。とりわけ第一〇巻は、コンスタンティヌス帝の勝利が扱われ、エウセビオスの眼にはコンスタンティヌス帝とともに教会の歴史はその頂点に達したように映っている。その歴史観は、まさに彼の同時代に頂点を迎えているというものであった。

社会における教会の立場の変化

『教会史』が記す、三世紀後半における一つのエピソードを紹介しておきたい。

当初から教会はローマ社会においてアウトサイダーとして迫害対象となっていたが、三一三年のミラノ勅令までその状態が単純に続いていたわけではない。ローマ皇帝が教会の一事件に介入するなどは、普通は四世紀にならないと考えられないことであろうし、反対にコンスタンティヌス帝以降であれば十分に合点のいくことであろう。しかしエウセビオスは、サモサタのパウロスの事件では、二七〇年頃に皇帝アウレリアヌスが事態を収拾したと報告している。

『教会史』第七巻二七章から三〇章まで、はじめにアンティオケアの監督パウロスがキリストは本性において人間であると述べたことが報告される。そこでアレクサンドリアのディオニュシオスが教会会議に招聘されるが、高齢のため辞退し、ただ書簡を送ったという。そこでアンティオケアにおいて数回にわたり会議が開かれ、ここにはグレゴリオス・タウマトゥルゴスも出席している。いよいよ最後の会議が開かれると、アンティオケアの修辞学校長でもあった長老のマルキオンがパウロスを論破したという。結局パウロスは罷免されたのだが、パウロスは「教会の建物からの立ち退きを頑として拒んだ」（三〇章一九節）。開き直ったわけである。「そこで、訴えを聞いた皇帝アウレリアヌスはこの件を公正そのものに裁き、イタリアとローマの都の監督たちが書簡を送っている者たちにその建物を委ねるように命じた。こうしてこの男は、この世の権力によって、もっとも屈辱的な仕方で教会から放逐されたのである」とエウセビオスは報告する。この記事によるとアンティオケアには教会堂が建てられていたこと、立ち退きといった事案について皇帝に訴え出ていること、皇帝が裁定を下して力づくでパウロスを排除したことがわかる。「もっとも屈辱的な仕方で」というのは世俗の権力によって排除されたことを指すが、裏を返せば、あくまでも教会は話し合いを重視してきた、そういう伝統が尊重されてきたことが背景にあると推察できる。

サモサタのパウロスというと養子説を唱えたことで著名であるが、それが現実にはどのような事態であったのかが歴史を通して描き出される。パウロスはキリストを人間と見なすことで相対化し、反対に自らを高め、自分への賛美歌を歌わせ、周りに幾人もの護衛を配置して街を闊歩し、詐欺まがいのことをして金銭をだまし取っていたという。一つの教理にすぎないように見えたものが生き生きとよみがえってくる。歴史の醍醐味ではないだろうか。

29　カイサリアのエウセビオス（2）——キリスト教と歴史

キリスト教にとってその歴史とは何であるのか。

この問いについて数年前から考えてきている。歴史とは何か、ではない。そのような大それた問題は手に余る。そうではなく、キリスト教の歴史、そういうものがキリスト教にとって何であるのか、という問いである。原始教団の終末遅延の問題にも通じるのだろうが、それ以上に、これだけ多様化した現代において、二〇〇〇年近く続くその歴史をどのように捉えたらよいのか、そのような大きな物語は現代でも可能なのか、そういう問題意識である。いや、正直これも手に余るものだし、またいま歴史を生きる者として、歴史というものは主体・実存の問題であって、なにか客観的に全体を眺められるものではないとも言える。しかし見果てぬ夢だとしても、歴史神学にとってこの問題はやはり重要なものだと思う。そうしたなか、もちろん時代も社会も異なるのでそのままで現代に適するものではないものの、この問題に一つの回答を与えた人物が、カイサリアのエウセビオスであり、またその『教会史』であった。

最後にもう一度エウセビオスを取り上げ、その『教会史』に焦点を絞り、キリスト教と歴史の問題について、いささか自由に書いてみたい。

キリスト教史のはじまりの問題

さて、ふだん私は大学でキリスト教の歴史の講義を担当しているが、キリスト教史の問題の一つは、そのはじまりがどこかということである。イエス・キリストはゼロ・ポイントであり、起点となる一の目盛りのところにはない。教会や宣教の視点からすれば、たとえばマタイ福音書28章19節にあるイエスの派遣令を教会のはじまりと定めることができよう。あるいは使徒言行録にある聖霊降臨、ペンテコステも、弟子たちを宣教へと突き動かしていったはじまりとして教会史の起点に数えることができる。

しかし、ここで一つ疑問が生じる。では、弟子たちは伝道に際して「キリスト教」という一つの宗教を意識していたのか。これには懐疑的にならざるを得ない。第一、新約正典はもちろん、「キリスト教」という言葉すらまだ存在していない。ギリシア語で「クリスティアニスモス」というが、その初出はなんとアンティオケアのイグナティオスの書簡である。つまり二世紀初頭の文献においてはじめて確認できるのである。そこではユダヤ教（ユダイスモス）との対比で「クリスティアニスモス」という言葉を使っているのであって、キリスト教をはっきりユダヤ教とは異なるものと捉えている（本書三三頁）。しかしいくら何でもこんなに遅くにキリスト教がはじまったとすることはできない。そこで「クリスティアニスモス」の由来を問うなら、使徒言行録11章26節あたりになるであろう。そこには「このアンティオケアで、弟子たちが初めてキリスト者と呼ばれるようになったのである」と記されている。つまり「キリスト者」（クリスティアノイ）

からクリスティアニスモスが出てくるわけである。アンティオケアの出来事を四〇年頃とするなら、おおよそ紀元四〇年から一〇〇年頃のあいだで「キリスト教」という言葉が成立し一般化していったということになる。このような事情なので、ここ数年来授業では、それは七〇年の第一次ユダヤ戦争後と教えている。神殿崩壊によってエルサレムという中心を失ったキリスト者たちが、ユダヤ教とは別の仕方で自分たちを理解するようになっていった、そうして「クリスティアニスモス」という言葉が生まれ、使われるようになったのだと。私の授業では、宣教令や聖霊降臨について説明したうえで、キリスト教の歴史の起点は七〇年と教えてきている。これは「キリスト教の歴史」と「教会史」の違いと言えるかもしれない。

では、エウセビオスはキリスト教の歴史の起点をどこに定めていたのか。

彼の『教会史』第一巻冒頭の四章は、全体の序の役割を担っている。そして第一章の最後には次のように記されている。

「わたしはこの物語を、人間が理解するにはあまりにも崇高で圧倒的な概念、すなわちキリストの受肉と神性からはじめようと思う。……わたしたちの呼び名がその方に由来するゆえに、多くの人びとが考える以上に聖なる、キリストの受肉のはじめに遡って、そこからはじめねばならぬからである。」（第一巻一章七節）

つまりエウセビオスは、キリスト教の歴史を受肉から、さらにイエス・キリストの神性からはじめるというのである。なぜなら「キリスト者」はまさに「キリストに従う者」の意だからである。こうして第二章では冒頭で「その方の存在形態は二様であった」として、その神性と人性とを分けて、旧約に遡りつつ論じていく。ロゴス・キリスト論にもとづいて、その歴史の起源が太古の昔のさらにその前の創造における神のロゴスに遡り、神的ロゴスが旧約の出来事と関連しつつ現われていたことを語る。第三章では「イエス」と「キリスト」の名について、また第四章ではキリストの教えが決して新しいものでなく、最も古く原初からのものであることが論じられる。これが全体の序の議論となっている。

では、なぜローマ帝国のはじめにロゴスの受肉が生じたのか。エウセビオスの答えは次のようになる。

「それは大昔の人間が、キリストの十全な知恵と十全な徳の教えを受け入れられる生活をしなかったからである。」（二章一七節）

そしてヘブライ人を除いた人類について次のように語る。

「そして残りのすべての人びとと全世界の異邦人が……父についての知識を受けるにふさわしいものになったローマ帝国のはじめに、諸々の徳の教師、すべてのよき業を行う父の下僕、聖なる天的な神のロゴスが……現われたのである。」（同章二三節）

なぜローマ帝国のはじめにイエスが誕生し、ロゴスの受肉が起こったのかというと、獣のような生活をしていた人びとすべてがローマ帝国の下でようやく文明化され、「温和になり、大きな平和と友情と交誼が互いの間に生まれた」（同章二三節）からだという。

人間の文明化の果たされたローマ帝国のはじめに、時宜を得たものとして神のロゴスが人間となった。ローマ帝国は、多くの人びとが共に一つの社会を形成するようになった時代であり、ロゴスの受肉に適した時期が到来したのだという。文明と受肉とのつながりが論じられている。キリスト教の歴史の起点を神的ロゴスとその受肉に求める構想は、世界史全体を包括するものであって、エウセビオスにとってキリスト教が決して多くの宗教の中の一宗教といったものでないことを物語っている。現代では思いもよらないような大胆な世界観の下でエウセビオスはキリスト教の歴史を考えているのである。この巨大なイマジネーションは、しかし決してエウセビオス特有のものでなく、おおよそ古代キリスト教のいろいろな所で確認することができる。

寛容令、キリスト教の公認の意味するもの

『教会史』は七巻までが三〇三年以前に著されていたというのが、今日の通説となっている。その前はプロイセンのシュヴァルツ説が一般的であった。それは執筆に四つの段階を想定するもので、まず三一一年に八巻が構想され（第一段階）、三一五年に迫害者マクシミヌス・ダイヤの滅亡を語る第九巻が著され（第二段階）、三一七年にテュロスの主教パウリノスの要請に応えてコンスタンティヌス帝の勝利を語る第一〇巻が執筆された（第三段階）。さらに『教会史』の二つの写本系統を見ると、一方の写本からは他方に記されている記事が除かれており、それもリキニウスに関するものが除かれているところから、『教会史』においても「記憶の破壊」（ダムナティオ・メモリアエ）が行われた、これが第四段階であったという。ある写本の系統は第三段階のものを伝え、他の系統はリキニウスの関連記事を除いたこの第四段階のものを伝えているという。しかしこうした四段階説に対して、バーンズが、少なくとも七巻までは三〇三年以前にまとめら

れていたことを論証している。[1]

では、第一巻第一章から第四章までの序文はどのタイミングで著されたのだろうか。『教会史』第一巻冒頭の執筆主題の最後に「わたしたちの時代の殉教と、そのすべての場合において示されたわたしたちの救い主の仁慈あふれる加護」が挙げられており、これが意味するのは、三一一年のガレリウス帝の寛容令（と三一三年のミラノ勅令）であると推定される。少なくともこの冒頭の四つの章が三一一年以降のものであるなら、これを除く七巻は、もともとどのような構想の下に執筆されたのか、その答えを探るならカーソップ・レイクのいう「継承」が該当するように思われる。[2]つまり異端の新しさに対して、使徒の時代から連綿と受け継がれてきたさまざまな伝統、伝承の継承を語ることが『教会史』の当初の目的であった、と。ただし、それであれば全体の構想としてはいささか弱まってしまうのだが。

いずれであれ三一一年のガレリウス帝の寛容令は、エウセビオスの目には、同じ時期に誕生しつつも離れていたローマ帝国とキリスト教とが和解し一致したことを意味し、その歴史は頂点に達したものと映ったのではないだろうか。さらにコンスタンティヌス帝の出現はこの和解と一致を完全なものにするものであった。

つまりエウセビオスの『教会史』の構想は、キリスト教の歴史を神的ロゴスからはじめることで全世界の歴史を包括する仕方で捉え、受肉論によってこれを諸史の中心に置きつつ、最後はローマ帝国との一致においてその最終段階に達したと捉えるものであったと言えよう。もっとも、このような歴史観は、およそ一〇〇年後、ローマ帝国が傾斜しはじめるアウグスティヌスの時代になるとトーンダウンし、キリスト教とローマとの関係を別の仕方で捉えなおさざるを得なくなる。

キリスト教の歴史と社会

ところで、私のキリスト教史の授業のもう一つの特徴は、宗教の歴史は必ずその社会と結びついていると想定する点にある。つまり古代キリスト教史はローマ帝国と、中世キリスト教史は中世ヨーロッパ社会とのつながりにおいて捉えるわけである。ローマ帝国社会、中世ヨーロッパ社会をベースとすることでそれぞれを相対化することができる。こうして、通常のキリスト教史の視野には入らない、たとえばペルシアや古代のエチオピア社会におけるキリスト教史のようなものも同様に取り上げることが可能になる。これは近世以降になると顕著になり、統合的なキリスト教の歴史よりも、南米のキリスト教史、日本のキリスト教史といった地域社会とのつながりの中でその歴史を捉えることが可能になる。

しかしこのようなキリスト教史観は、エウセビオスの思想とはまったく異なるものだと言ってよいだろう。エウセビオスにとってローマ帝国はそれまでの諸社会の頂点に位置するものであり、さらにその歴史ですらキリスト教の歴史のなかに飲み込むわけである。決して一つの社会の中にある一つの宗教の歴史といった限定に限定を重ねたものでなく、最も包括的なものなのである。一切はロゴスとしてのキリストを頭として有している。しかし、だからこそ冒頭の問いになるのである。ではいったい、キリスト教にとってこの二〇〇〇年近い歴史は何であるのか、大昔のエウセビオスが行ったように、何か統一的な解釈は可能なのか。

教父研究をしていると、古代の常識は現代の非常識であって、現代の常識は古代の非常識だと痛感することがある。しかしこのギャップについて考えをめぐらせていると、反対に、はじめて現代の姿が見えてくることがある。教父の研究は、いわばテクストという墓に眠る教父たちを覚醒させる行為となるが、目覚めた教父たちから反対に「どうしてお前たちはそうなのか」と問い返されている気がする。つまりなぜ教父たちはそう考えたのかという問いが反転して、どうしていま、私たちはそうではないのかが問われるのである。なぜ私たちは大きな物語を見失ってしまったのか。どうしてキリスト教を単なる一つの宗教現象であるかのように捉えるのか。実は、ここに現代に生きる私たちの信仰が問われ、また神学が問われている、そのように考えている。

（1）T・バーンズ「コンスタンティーヌス帝とエウセビオス」、『キリスト教とローマ帝国　エウセビオス研究3』所収、二一七頁。
（2）K. Lake, Eusebius The Ecclesiatical History, vol.1, LCL153, Harvard U.P., p.XXXIV.

文献表

本書において、引用などで使用した教父等の翻訳書（順不同）

秦剛平訳『エウセビオス　教会史』上下巻、講談社学術文庫、二〇一〇年．

山村敬訳『聖大バシレイオスの聖霊論』、キリスト教歴史双書16、南窓社、一九九六年．

荒井献編『新約聖書外典』、講談社文芸文庫、一九九七年．

荒井献編『使徒教父文書』、講談社文芸文庫、一九九八年．

柴田有・三小田敏雄訳『ユスティノス　第一弁明・第二弁明・ユダヤ人トリュフォンとの対話（序論）』、キリスト教教父著作集1、教文館、一九九二年．

土岐正策訳「ペルペトゥアの殉教」、『殉教者行伝』所収、キリスト教教父著作集22、教文館、一九九〇年．

小林稔・小林玲子訳「使徒たちの使信の説明」、『中世思想原典集成1　初期ギリシア教父』所収、平凡社、一九九五年、一九七―二八二頁．

大貫隆訳『エイレナイオス1　異端反駁Ⅰ』、キリスト教教父著作集2／1、教文館、二〇一七年．

大貫隆訳『エイレナイオス2　異端反駁Ⅱ』、キリスト教教父著作種2／2、教文館、二〇一七年．

小林稔訳『エイレナイオス3　異端反駁Ⅲ』、キリスト教教父著作集3／1、教文館、一九九九年．

小林稔訳『エイレナイオス4　異端反駁Ⅳ』、キリスト教教父著作集3／2、教文館、二〇〇〇年.
今井知正訳「アンティオケアのテオフィロス　アウトリュコスに送る」、『中世思想原典集成1　初期ギリシア教父』所収、平凡社、一九九五年、九九―一九五頁.
秋山学訳「アレクサンドリアのクレメンス　救われる富者は誰か」、『中世思想原典集成1　初期ギリシア教父』所収、平凡社、一九九五年、四一七―四六六頁.
秋山学訳『アレクサンドリアのクレメンス1　ストロマテイス（綴織）1』、キリスト教教父著作集4／1、教文館、二〇一八年.
秋山学訳『アレクサンドリアのクレメンス2　ストロマテイス（綴織）2』、キリスト教教父著作集4／2、教文館、二〇一八年.
小高毅訳『オリゲネス　諸原理について』、キリスト教古典叢書9、創文社、一九七八年.
小高毅訳『オリゲネス　雅歌注解・講話』、創文社、一九八二年.
小高毅訳『オリゲネス　祈りについて・殉教の勧め』、キリスト教古典叢書12、創文社、一九八五年.
出村みや子訳『オリゲネス　ケルソス駁論Ⅰ』、キリスト教教父著作集8、教文館、一九八七年.
大貫隆訳『ヒッポリュトス　全異端反駁』、キリスト教教父著作集19、教文館、二〇一八年.
小高毅訳「ノエトス駁論」、『中世思想原典集成1　初期ギリシア教父』所収、平凡社、一九九五年、四六七―四九四頁.
土屋正吉訳『聖ヒッポリュトスの使徒伝承』、オリエンス宗教研究所、一九八三年.
土岐政策訳「プラクセアス駁論」、『テルトゥリアヌス1　プラクセアス反論・パッリウムについて』所収、キリスト教教父著作集13、教文館、一九八七年、一七―一三八頁.

鈴木一郎訳『テルトゥリアヌス2　護教論』、キリスト教教父著作集14、教文館、一九八七年．

木寺廉太訳「兵士の冠」、『テルトゥリアヌス4　倫理論文集』所収、キリスト教教父著作集16、教文館、二〇〇二年、二八五―三二八頁．

吉田聖訳「キュプリアヌス　カトリック教会の一致について」、『中世思想原典集成4　初期ラテン教父』所収、一九九九年、一七九―二〇九頁．

吉田聖訳「キュプリアヌス　背教者について」、『中世思想原典集成4　初期ラテン教父』所収、平凡社、一九九九年、二一一―二四七頁．

有賀鐵太郎訳「グレゴリオス・サウマツルゴスの謝辞」、『オリゲネス研究』所収、有賀鐵太郎著作集1、創文社、一九八一年、四四三―四八八頁．

小高毅訳「信仰告白」、「テオポンポスへ」、『中世思想原典集成1　初期ギリシア教父』所収、平凡社、一九九五年、六三一―六五八頁．

本文中で言及した書物（順不同）

W・レベル著／筒井賢治訳『新約外典・使徒教父文書概説』、教文館二〇〇一年．

A・W・クロスビー著／小沢千重子訳『数量化革命』、紀伊國屋書店二〇〇三年．

水垣渉著『宗教的探究の問題』、創文社、一九八四年．

W・オング著／桜井直文・林正覚・糟谷啓介訳『声の文化と文字の文化』、藤原書店、一九九一年．

J・E・ソールズベリ著／後藤篤子監修・田畑賀世子訳『ペルペトゥアの殉教』、白水社、二〇一八年．

大貫隆著『ロゴスとソフィア』、教文館、二〇〇一年．

有賀鐵太郎著『キリスト教思想における存在論の問題』、創文社、一九六九年.
有賀鐵太郎著『オリゲネス研究』、有賀鐵太郎著作集1、創文社、一九八一年.
佐藤吉昭著『キリスト教における殉教研究』、創文社、二〇〇四年.
ロドニー・スターク著／穐田信子訳『キリスト教とローマ帝国』、新教出版社、二〇一四年.
W・マクニール著／佐々木昭夫訳『疫病と世界史　上』、中公文庫、二〇〇七年.
E・ギボン著／中野好夫訳『ローマ帝国衰亡史I』、ちくま学芸文庫、一九九五年.
土井健司著『救貧看護とフィランスロピア』、創文社、二〇一六年.
ウィリアム・ジェームズ著『宗教的経験の諸相』（上）（下）、岩波文庫、一九六九、七〇年.
木寺廉太著『古代キリスト教と平和主義』、立教大学出版会、二〇〇四年.
エイドリアン・ゴールズワーシー著／池田裕他訳『古代ローマ軍団大百科』、東林書林、二〇〇五年.
國原吉之助訳『タキトゥス年代記』（上）（下）、岩波文庫、一九八一年.
國原吉之助訳『プリニウス書簡集』、講談社学術文庫、一九九九年.＊なお本文中に記した書簡番号はこの邦訳書のものであって、原典の番号とは異なる.
秦剛平／H・W・アトリッジ共編『キリスト教とローマ帝国　エウセビオス研究3』リトン、一九九二年.
ルーキアーノス／高津春繁訳『遊女の対話　他三編』、岩波文庫、一九六一年.

あとがき

『教父学入門』という題の書籍は日本ではじめてだそうで、三二五年のニカイア公会議以前の教父に限るものの、こうして一書にまとめることができたことで安堵している。今日まで専門的な研究書をまとめたり、一般書を著したり、論集を編んだり、翻訳を出したり、論文を執筆したりしてきたが、自分の専門領域で入門書を書くチャンスが与えられたことは大きな喜びであり、同時にその責任の重いことを自覚した。

ただ「教父」という言葉は伝統的ではあるものの、今日ジェンダーの視点などから問題がないわけではない。「古代キリスト教思想家」とすれば無難なのだろうが、しかし「思想家」に限るものでもない。そこで本書ではこの伝統的な言葉にこだわった。もちろん本書ではテクラ、ペルペトゥア、『ヤコブ原福音書』を取り上げ、内容上この言葉のジェンダー的問題に考慮した。

それにしても日本では「教父」についてほとんど知られていない現状が残念であり、それが執筆の動機のひとつとなった。今日まで多くの研究者が地道に教父の著作の日本語訳を作成してきている。それらの翻訳はかなりの数にのぼり、本書では、それら先人、同輩の努力に敬意を表し、できるだけ紹介し、引用している。こうして教父たちの多くの著作が日本語で読めるようになった現在、教父について簡便な案内が必要なのではないかと考えた。類書としては学生時代の愛読書のアダルベール・アマン著『教父たち』やカンペンハウゼン、クロスといった往年の大家の入門書があったし、ニカイア以前に限ればグッドスピードの『古代キリスト教文学入門』は本書と重なるものだと言えよう。日本人としては小高毅の『古代キリスト教思想家の世界』という名著もある。しかしこれらはいずれも三十年以上も前のものであり、やはり新しいものが必要だと思うようになった。執筆に当たっては、学術的ではあっても無味乾燥となってしまわないよう、筆者の解釈、視点を積極的に取り入れた。いささか大胆な捉え方をしているところもあるが（ロゴスを音声として捉えた第七章など）、教父のテクストに精一杯取り組み、そして自分なりに考えたことを文字にした。

なお時代をニカイア以前としているが、入門書であるのですべてを網羅したわけではない。グノーシスと呼ばれたウァレンティノスやマルキオン、ユリウス・アフリカヌス、ミヌキウス・フェリックス、ラクタンティウス等などついては、章として取り上げていないだけでなく、まとまった論述もしていない。それでも通して読むことでこの時代の雰囲気、変遷を感じ取ってもらえるだけの「教父」を取り上げている。

本書は、『福音と世界』の二〇一九年九月号から二〇二二年三月号まで三〇回にわたって寄稿した連載原稿を基にしている。単行本にするにあたり、連載原稿一回分をひとつの章とすることにした。同じ教父について複数回にわたった原稿をひとつにまとめることも考えたが、そうすると論述の構成から考え直さなければならなくなるので、そのままとした。たとえばオリゲネスに四章を割いているのはそのためである。またその場合、論述の流れがあるので、連載時の原稿の順番も入れ替えずにそのままにしてある。ただしたとえば連載時は第一〇回であったアレクサンドリアの大ディオニュシオスは第10章でなく、その年代に相応しく後に移動し（第26章）、連載時とは順序を変えている。

なおこのディオニュシオスについては、連載時には二〇二〇年六月号に掲載されており、執筆は四月となる。突如、新型コロナ感染症が蔓延し、日本の社会が一挙に閉塞し、不安がひろがった時期であった。勤める大学では授業の開始が五月からと延期になり、急遽オンライン対応を迫られ、筆者はストレスから眩暈症に罹患したときとなる。感染症に罹った人を非難する風潮がみられたが、それはおかしい、病者を非難してはいけないとの思いも重なって執筆したのを覚えている。今この「あとがき」を書いているのは第七波の真っ最中なのだが、世の中は随分と落ち着いていているように思われる。

さて本書には連載時にはなかった図版をいくらか加えた。「教父学」という学問に関する文献、教父研究のための基本的なテクスト、アレクサンドリアの地図、ヒッポリュトスの座像、疫病蔓延期のローマ貨幣、エウセビオス『教会史』の最初の印刷本などである。とは言え、教父のテクストについては他に「スルス・クレティエンヌ」（仏）、「フォンテス・クリスティアニ」（独）、「オックスフォード・アーリー・クリスティアン・テクスト」等など本書で紹介できていない叢書や辞典、またデータベース、さらに学術的なウェブ・サイトもまだまだある。ただすべてを取り上げるのはむずかしいと判断した。おそらく教父関係のツールを紹介するだけで小さな本ができると思われる。

連載のときから書籍化を含めて、今回も新教出版社の小林望氏のお世話になった。執筆のチャンスを与え、遅筆の筆者を粘り強く励ましてくださった。また索引は、伊藤遥香氏に作成してもらった。ここに記して謝意を表したい。

二〇二一年八月九日

著　者

地名索引

や・ら行

ま行

は行

さ行

た・な行

か行

人名索引

あ行

聖書索引

旧約聖書

創世記

出エジプト記

民数記

申命記

サムエル記上

詩　編

箴　言

コヘレトの言葉

雅　歌

イザヤ書

エレミア書

エゼキエル書

アモス書

知恵の書

シラ書

著者略歴

土井健司（どい・けんじ）

関西学院大学神学部、同大学院、京都大学大学院で学ぶ。神学博士。現在関西学院大学神学部教授。著書に『神認識とエペクタシス』（創文社、1998年、中村元賞）、『キリスト教を問い直す』（ちくま新書、2003年）、『古代キリスト教探訪』（新教出版社、2003年）、『愛と意志と生成の神』（教文館、2005年）、『司教と貧者』（新教出版社、2007年）、『キリスト教は戦争が好きか』（朝日新聞社、2012年）、『救貧看護とフィランスロピア』（創文社、2016年）ほか。訳書に、マーカス『アウグスティヌス神学における歴史と社会』（共訳、1998年）、マルクシース『天を仰ぎ、地を歩む』（2003年）、同『グノーシス』（2009年、いずれも教文館）ほか。

教父学入門

ニカイア以前の教父たち

2022年9月12日　第1版第1刷発行

著　者……土井健司

発行者……小林　望

発行所……株式会社新教出版社

〒162-0814 東京都新宿区新小川町9-1

電話（代表）03 (3260) 6148

振替 00180-1-9991

印刷・製本……モリモト印刷株式会社

ISBN 978-4-400-22755-7　C1016